Kerzen selbstgemacht

MAJA FIEDLER

KERZEN selbstgemacht

INHALT

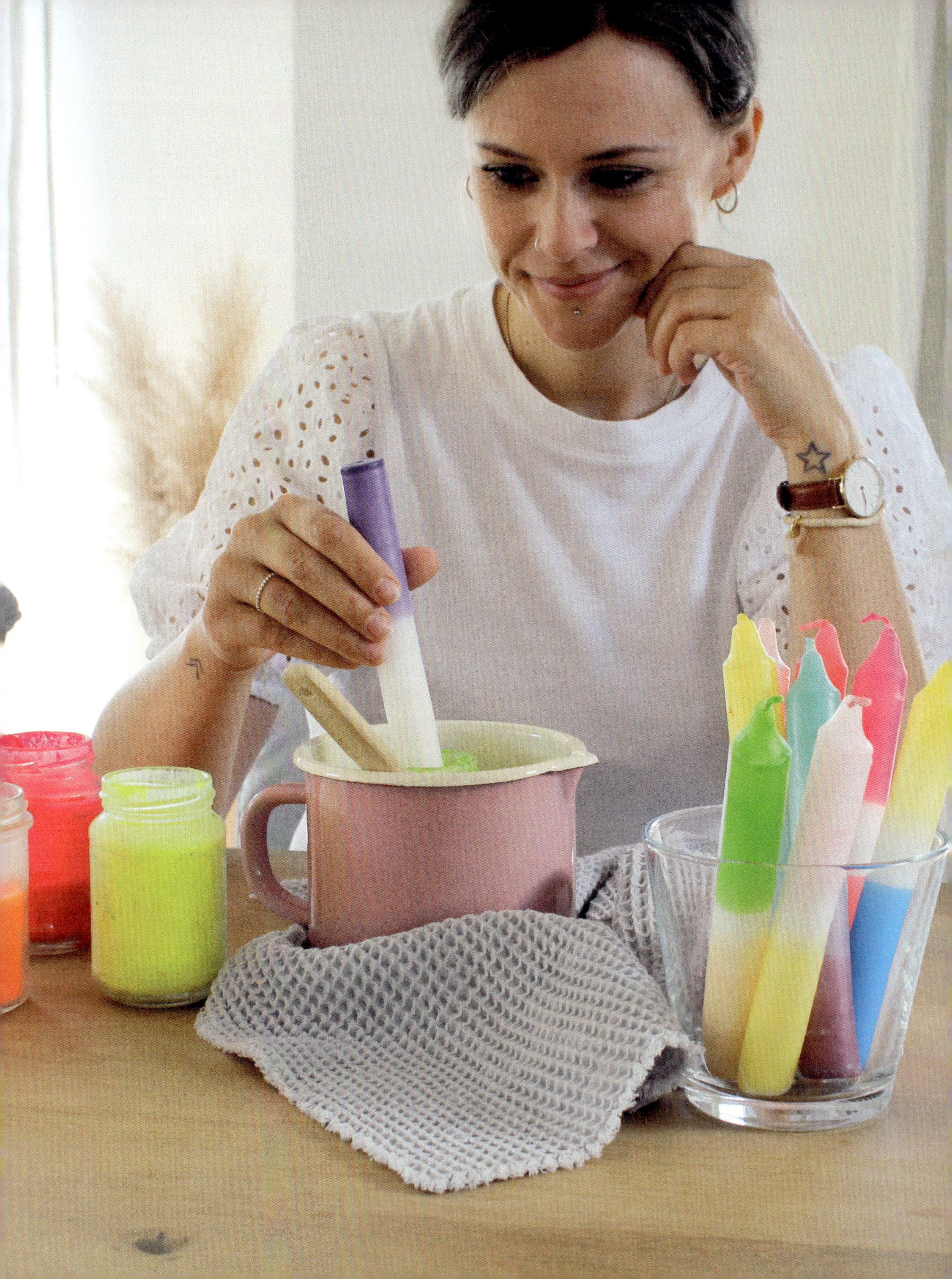

HALLO!

Was gibt es Schöneres, als anderen eine Freude zu bereiten? Dieses Buch soll einen kleinen Einblick in die bunte Welt der selbstgestalteten Kerzen geben. Und vor allem soll es dich anregen, deiner Kreativität freien Lauf zu lassen.

Kerzen sind als Geschenk oder als kleines Mitbringsel immer sehr willkommen. Schön verpackt sind sie ein toller Hingucker! Ebenso bereitet es Kindern große Freude, Kerzen selbst herzustellen und sie zu gestalten.

Kerzen sind nicht nur etwas für die kalte Jahreszeit. Perfekt kommen sie auch im Sommer mit ihren grellen Farben zur Geltung. Die pastellfarbenen Kerzen mag ich besonders gerne, sie erinnern mich an den Frühling, an die Sonne, an das Meer und an den Urlaub. Mit deinen selbst kreierten Kerzen holst du dir eine gemütliche stimmungsvolle Atmosphäre in deine eigenen vier Wände. Gerade gibt es einen richtigen Kerzenboom. Egal ob du Dip-Dye-Kerzen, gegossene Kerzen oder Upcycling-Kerzen herstellst, alles macht super viel Spaß. Du wirst sehen, wie eigene Ideen aus dir heraussprudeln. Viele Materialien dazu hast du bestimmt schon zu Hause. Ich wünsche dir viel Freude beim Nachmachen und kreativ sein!

Deine Maja Fiedler

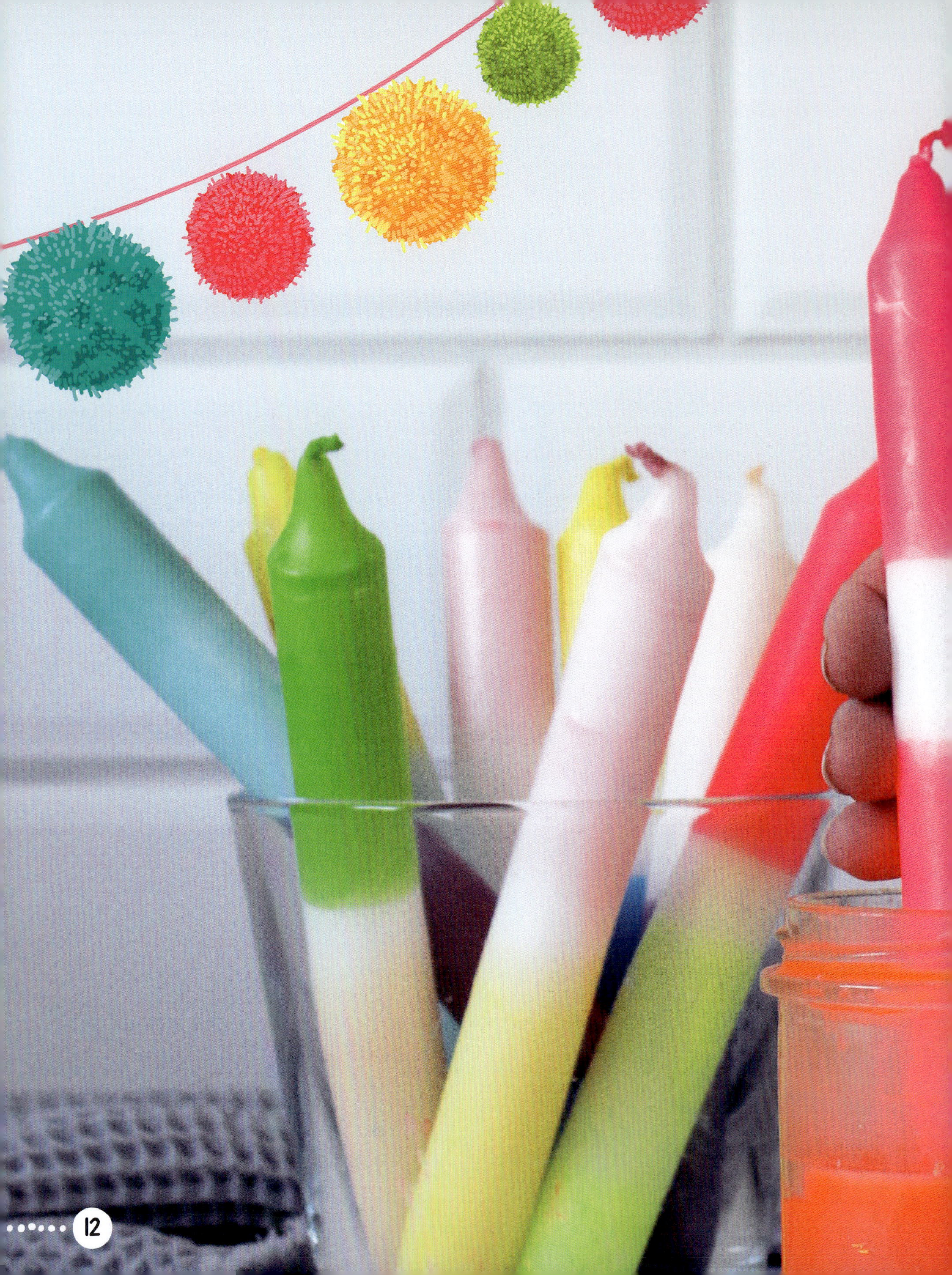

GRUNDLAGEN

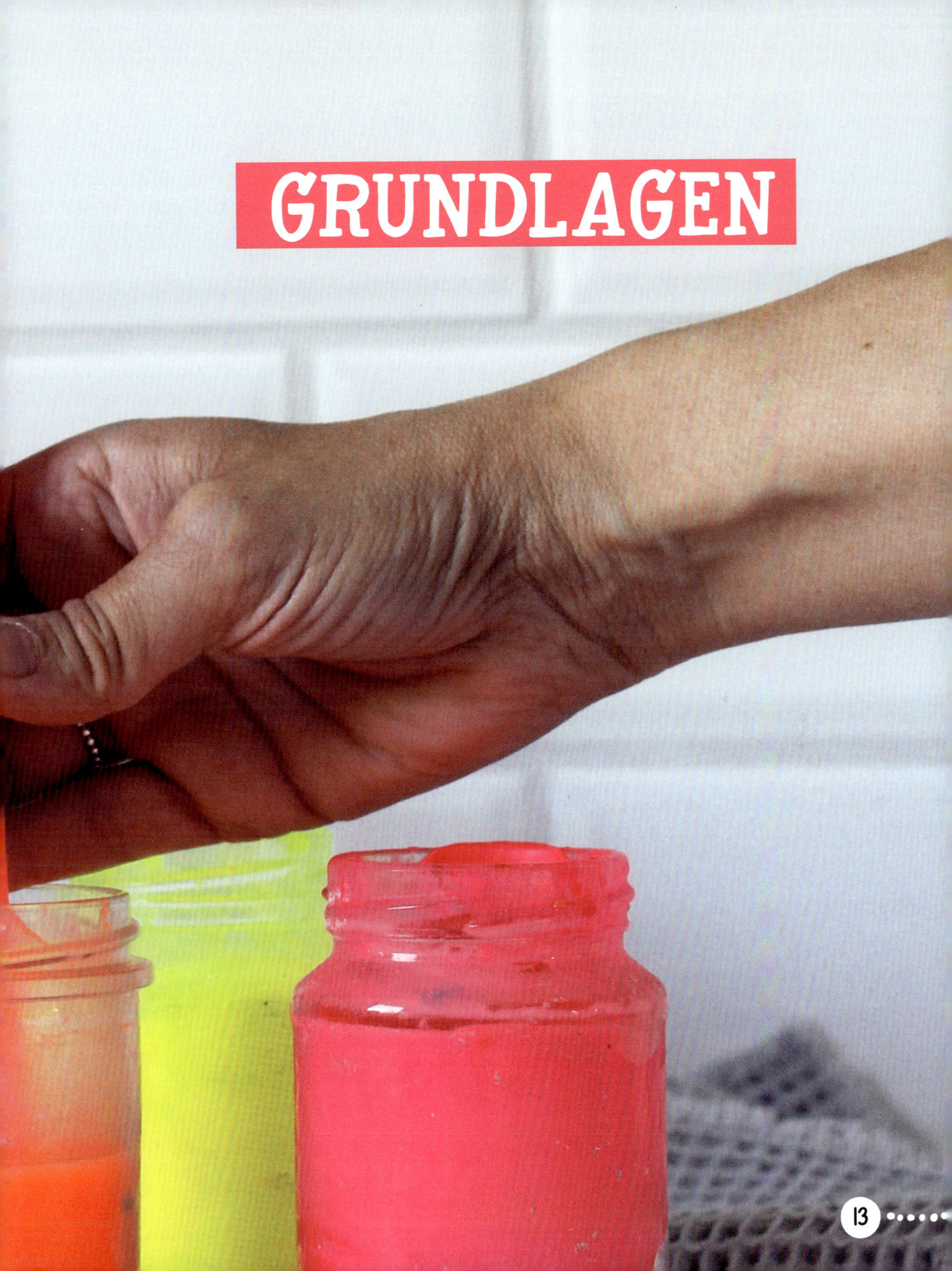

DIE GRUNDANLEITUNG

Bei den meisten Techniken zur Kerzengestaltung, die in diesem Buch gezeigt werden, ist der erste Schritt das Einschmelzen des Wachses. Wenn du zusammen mit Kindern kreativ sein willst, übernimmst du diesen Part am besten alleine, damit keiner durch das Hantieren mit heißem Wasser verletzt wird.

Dafür brauchst du:

- hitzebeständige Gefäße, z.B. (ausgediente) Kochtöpfe, saubere, schmale und hohe Einkochgläser oder ausgespülte Dosen; alternativ eine Schmelzkelle aus dem Fachhandel
- Zeitungspapier
- Küchenthermometer
- Wachs, z.B. Kerzenreste oder Wachslinsen
- Hilfsmittel zum Umrühren, z. B. Schaschlikspieße

! Lege das Zeitungspapier nicht zu nah an der Herdplatte aus, die du benutzen möchtest, sonst besteht Brandgefahr.

1. Den Herd um das genutzte Kochfeld herum mit Zeitungspapier abdecken. Das Wachs kann beim Schmelzen spritzen oder tropfen.
2. Das Gefäß bzw. die Gefäße mit dem Kerzenwachs oder den Kerzenpastillen befüllen.
3. Anschließend werden die Gefäße in den Topf gestellt.
4. Gieße vorsichtig Wasser in den Topf, bis die Gefäße zur Hälfte im Wasser stehen. Achte darauf, dass kein Wasser in deine Gefäße gelangt.
5. Das Wasser im Topf auf 60 Grad erhitzen. Überprüfe die Temperatur mit einem speziellen Küchenthermometer.
6. Das Kerzenwachs oder die Kerzenlinsen unter ständigem Rühren einschmelzen. Je nach Menge dauert dieser Vorgang 20–30 Minuten.
7. Nun ist das Wachs für die weitere Verarbeitung bereit.
8. Für farbiges Wachs fügst du einfach Wachsmalstifte oder bunte Wachspastillen nach dem Schmelzen hinzu. Anschließend gut umrühren.

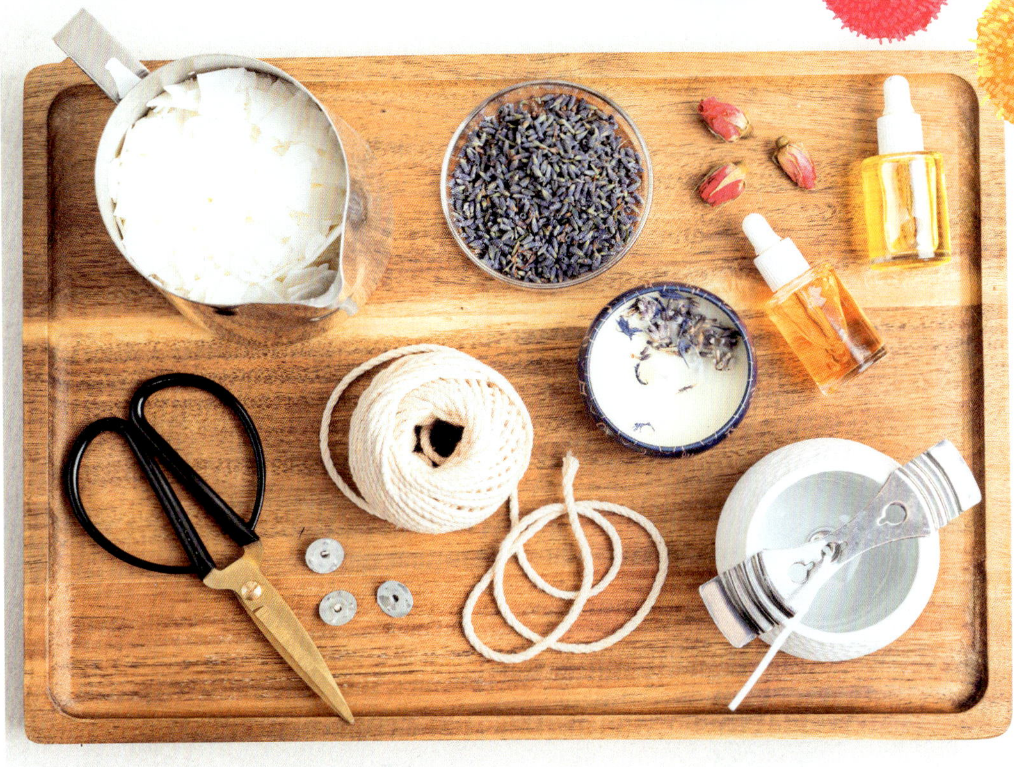

WEITERE NÜTZLICHE UTENSILIEN

Neben den genannten Hilfsmitteln werden je nach Projekt benötigt:

- Kerzendochte
- Wachsmalstifte oder farbige Wachspastillen
- Kerzen in unterschiedlichen Größen und Stärken
- Schere
- Schaschlikspieße
- Gießformen
- verschiedene Duftöle

!

Sollte Wachs übrigbleiben, darf dieses auf keinen Fall in den Abfluss der Spüle gegossen werden! Lass es erkalten und gib es dann in den Restmüll oder verwende es zu einem späteren Zeitpunkt.

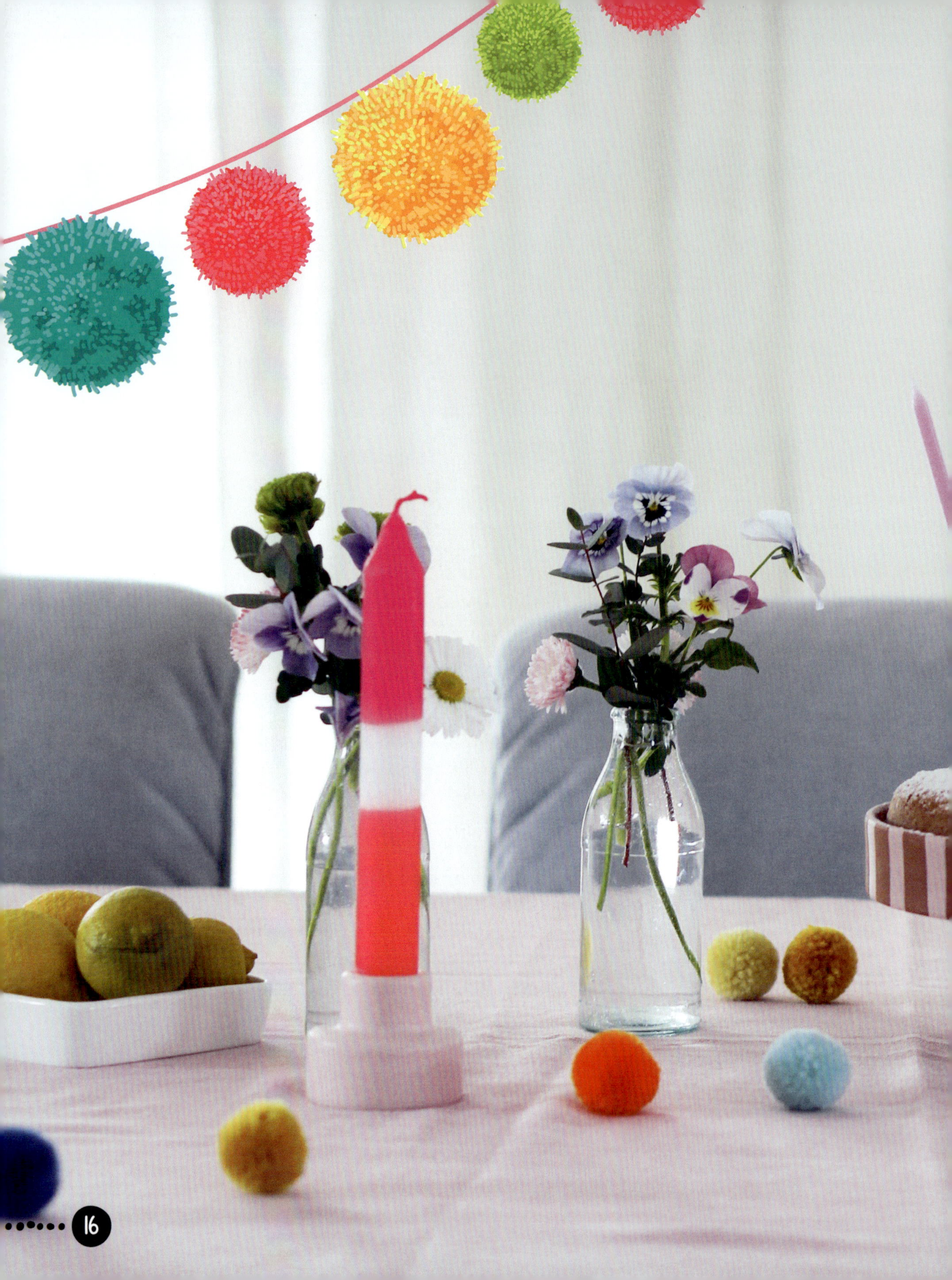

KERZEN GESTALTEN

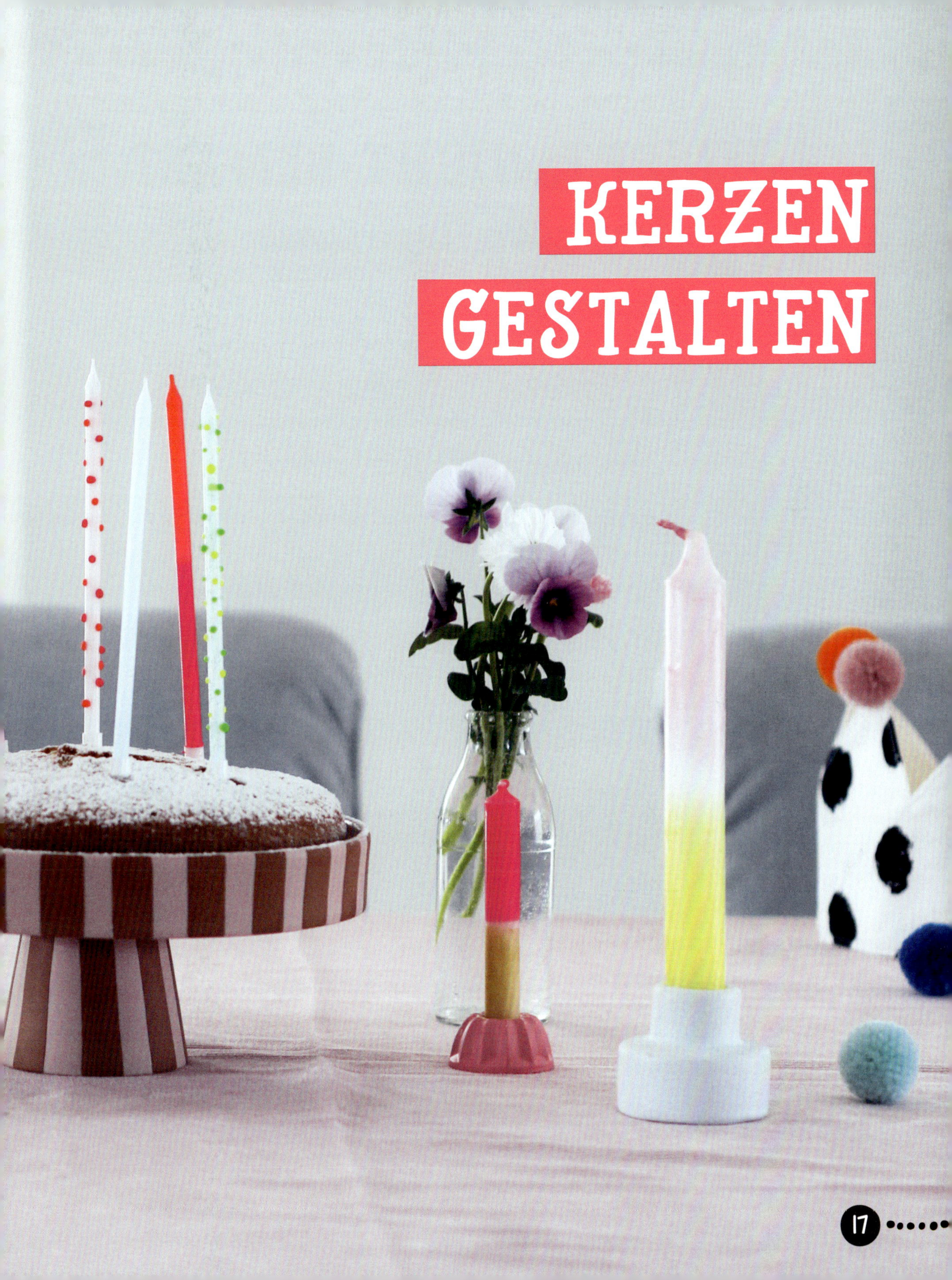

GEDIPPT, NICHT BEMALT

Simple Dip-Dye-Kunst

Die Dip-Dye-Technik ist die wohl einfachste Technik, Kerzen zu verzieren, und sie erzielt so hübsche Effekte! So kann man auch den schlichtesten Exemplaren neuen Glanz verleihen. Dieses Projekt bietet sich vor allem mit Kindern an, da man mit wenig Aufwand und in kurzer Zeit ein tolles Ergebnis erhält.

Material:

- ein oder mehrere hitzebeständige Gefäße
- Zeitungspapier
- Küchenthermometer
- pro gewünschter Farbe 100 g Wachsreste oder Wachslinsen
- 10 g Wachsmalstifte oder farbige Wachspastillen
- Stabkerzen, Menge und Größe nach Wunsch

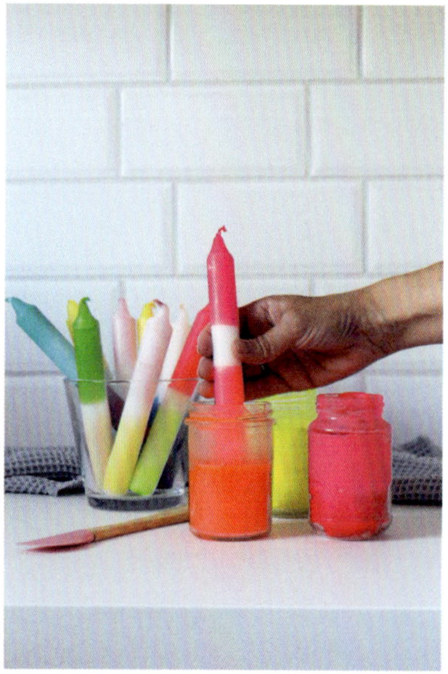

Und so geht's:

1 Zunächst wie in der Grundanleitung auf S. 14 das farbige Wachs einschmelzen.

2 Die erste Stabkerze mit dem unteren Ende kurz in das flüssige farbige Wachs eintauchen, herausnehmen und 1–2 Sekunden über dem Gefäß abtropfen und antrocknen lassen.

3 Nach Belieben können auch beide Enden der Kerze auf diese Weise eingefärbt werden.

4 Mit allen weiteren Kerzen ebenso verfahren.

TIPP

Um Muster zu erzeugen, kannst du die Kerze mit Klebefilmstreifen umwickeln und dabei gezielt Stellen freilassen. Wenn du sie dann in das flüssige Wachs eintauchst, bedeckt dieses nur die unbeklebten Stellen. Auch mehrfarbige Muster sind so möglich.

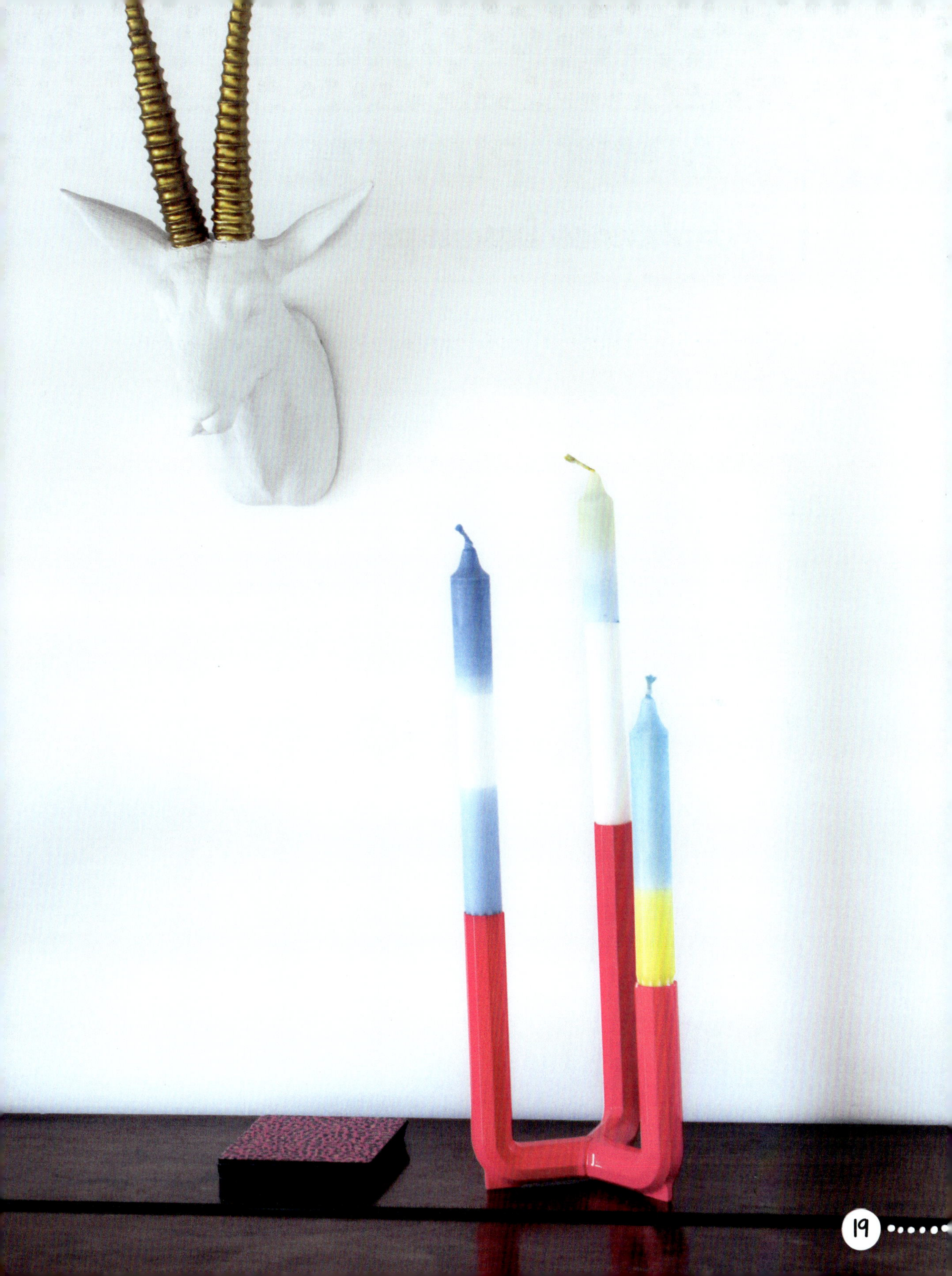

MIT PUNKTEN

Fröhliches Design für alle Tage

Kerzen mit Pünktchen bringen ganz automatisch Freude in den Alltag. Sie sehen zauberhaft aus und wirken verspielt und fröhlich. Das Verzieren der Kerzen, Punkt für Punkt, ist einfach und hat zugleich etwas Meditatives. Auch für Kinder ist diese Technik eine tolle Konzentrationsübung!

Material:

- ein oder mehrere hitzebeständige Gefäße
- Zeitungspapier
- Küchenthermometer
- pro gewünschter Farbe 30 g Wachsreste oder Wachslinsen
- 3 g Wachsmalstifte oder farbige Wachspastillen
- Schaschlikspieße
- Stabkerzen, ca. 18 cm lang

Und so geht's:

1. Zunächst gemäß der Grundanleitung auf S. 14 das farbige Wachs einschmelzen.
2. Einen Schaschlikspieß in das flüssige Wachs tauchen und nach Belieben bunte Wachstropfen auf die Kerze aufbringen.

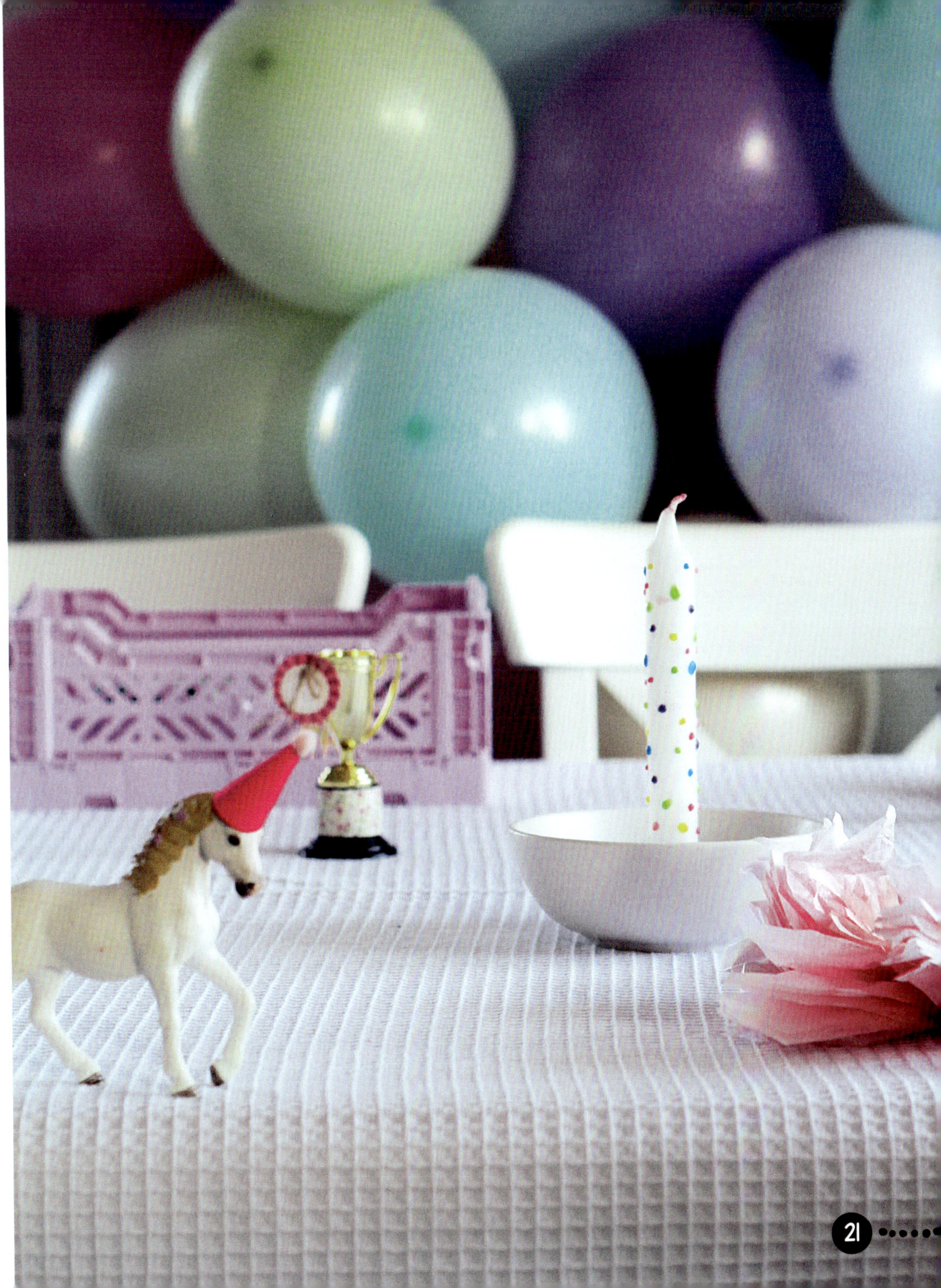

NEON-LOVERS

Für blendend gute Laune

Nicht nur an grauen und trüben Tagen sind diese grell leuchtenden Neonkerzen willkommene Hingucker! Wer mag, verziert sie auch noch mit Pünktchen, natürlich ebenfalls in Neonfarbe.

Material:

- ein oder mehrere hitzebeständige Gefäße
- Zeitungspapier
- Küchenthermometer
- pro gewünschter Farbe 10 g Pastell-Ölkreiden in Neonfarben
- Stabkerzen, ca. 18 cm lang
- Schaschlikspieße

Und so geht's:

1. Zunächst gemäß der Grundanleitung auf S. 14 die Ölkreiden nach Farben getrennt einschmelzen.
2. Die erste Stabkerze kurz in das flüssige Wachs eintauchen, herausnehmen und 1–2 Sekunden über dem Gefäß abtropfen und antrocknen lassen.
3. Nach Belieben mithilfe eines Schaschlikspießes die gefärbten Kerzen mit Wachstropfen weiter verzieren.

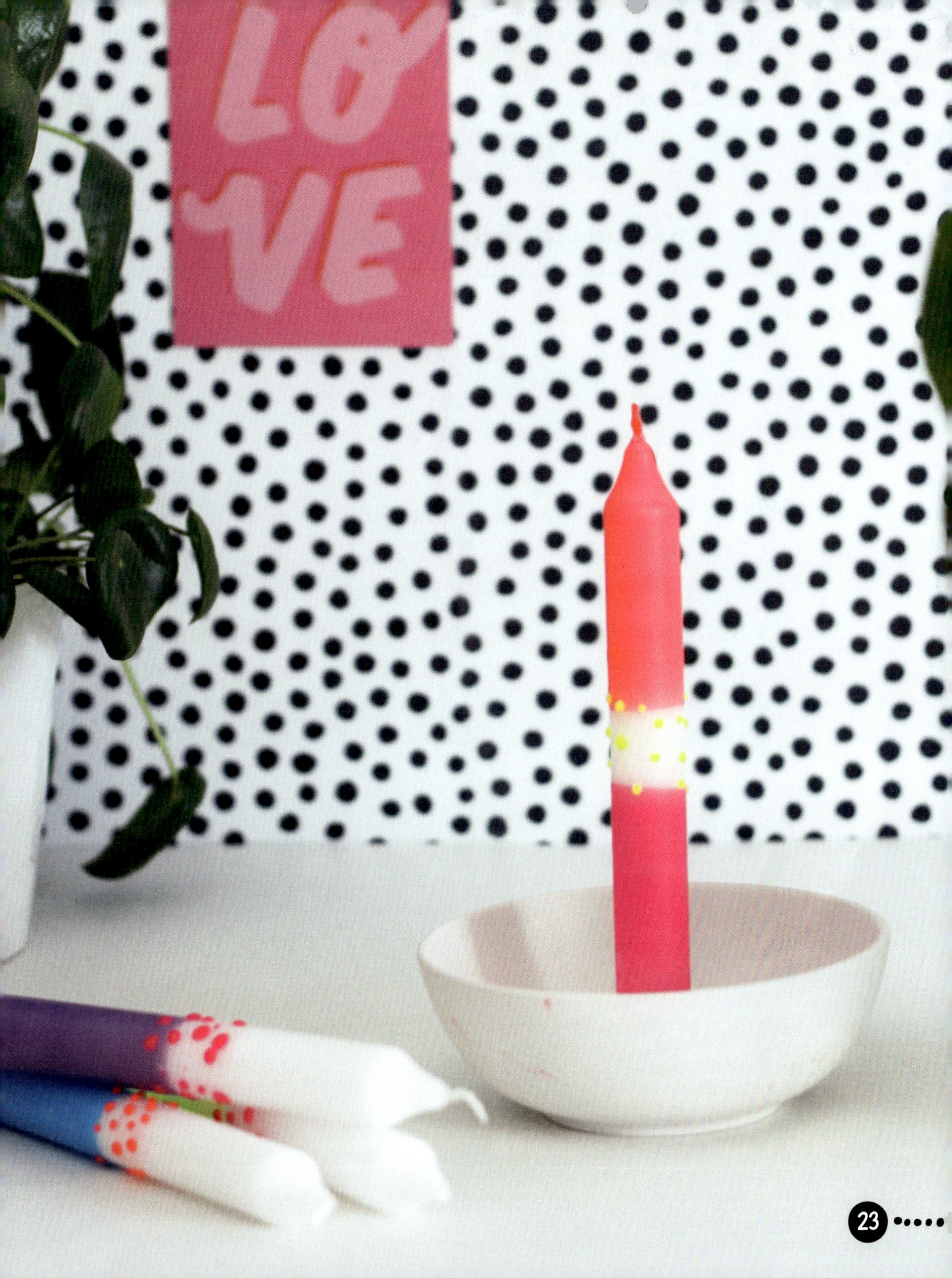
LOVE

IT'S BIRTHDAY-TIME

Kleine Kuchenkerzen

Wie schön war das früher, als man seine Geburtstagskerzen auf einem hölzernen Geburtstagskranz ausblasen durfte! Das wollte ich für meine Kinder in einer ähnlichen Form auch wieder aufleben lassen. Diese kleinen Kuchenkerzen versprühen garantiert gute Laune und man kann sie auch ganz wunderbar gemeinsam mit den Kindern in Vorbereitung auf das große Fest herstellen.

Material:

- 10 g Wachslinsen oder Wachsmalstifte in gewünschten Farben
- kleine Kuchenkerzen in Weiß, ca. 14 cm lang
- Styroporstück, 15 cm x 15 cm
- Wachslinerstifte

TIPP

Du kannst deine Geburtstagskerzen auch mit selbst entworfenen Motiven wie Blumen oder Tieren verzieren!

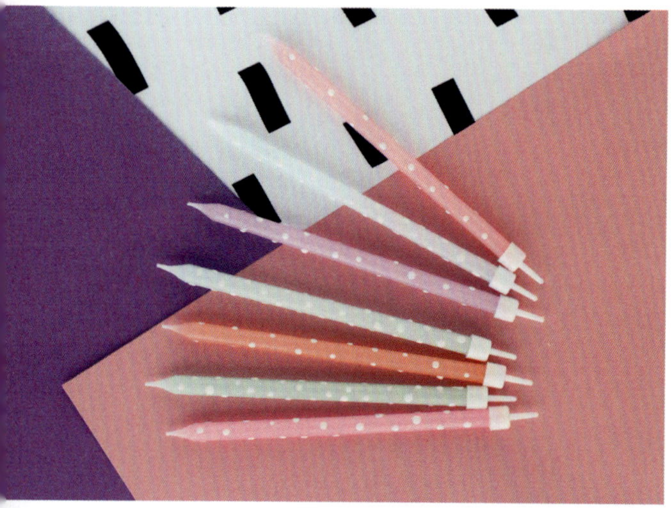

Und so geht's:

1 Zunächst gemäß der Grundanleitung auf S. 14 das farbige Wachs einschmelzen.

2 Tauche die weißen Kuchenkerzen in das flüssige Wachs.

3 Nachdem du die Kerzen getaucht hast, steckst du sie mit der Kerzenhalterung in das Styroporstück zum Trocknen.

4 Mit den Wachslinerstiften kannst du nun deine getauchten Kerzen je nach Lust und Laune verzieren.

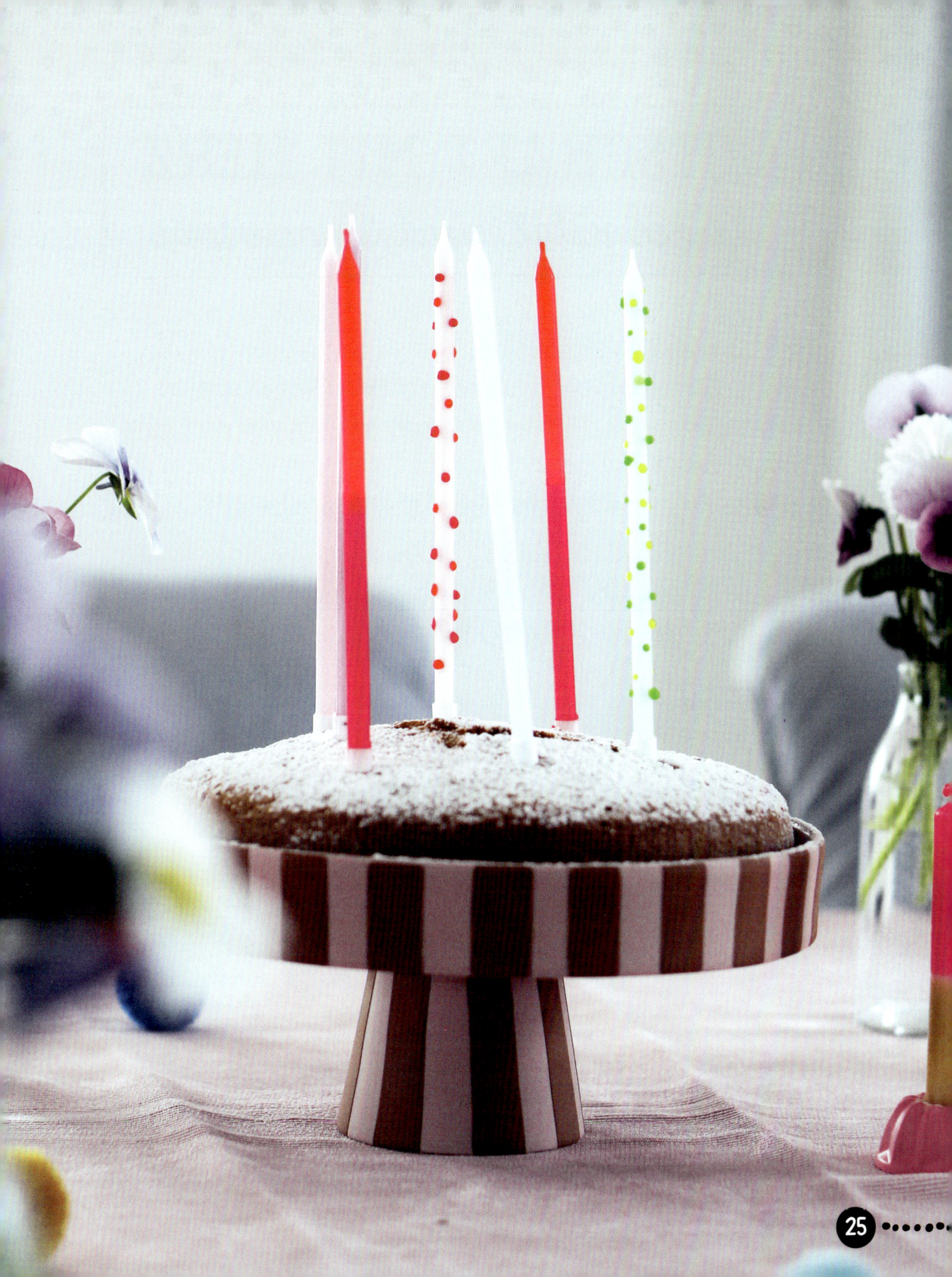

BOTSCHAFT MIT HERZ

Kerzen gestalten mit Transferfolie

Eine tolle Möglichkeit, Kerzen ein individuelles Aussehen zu verleihen ist das Arbeiten mit Transferfolie. Ich habe so schon oft kleine Gastgeschenke für Geburtstage angefertigt. Die Gäste waren begeistert und konnten eine schöne Erinnerung an den Tag mit nach Hause nehmen. Durch einen individuellen Aufdruck wird jede Kerze zu einem Unikat. Und auch zu Weihnachten lassen sich diese Kerzen super verschenken!

TIPP

Je nach Anlass oder Jahreszeit kannst du die Kerzen mit entsprechenden Motiven verzieren.

Material:

- Stabkerzen, Menge und Größe nach Wunsch
- Transferfolie
- Stempel und wasserfestes Stempelkissen
- evtl. PC und Laserdrucker
- Schälchen mit Wasser
- Schere
- Geschirrtuch

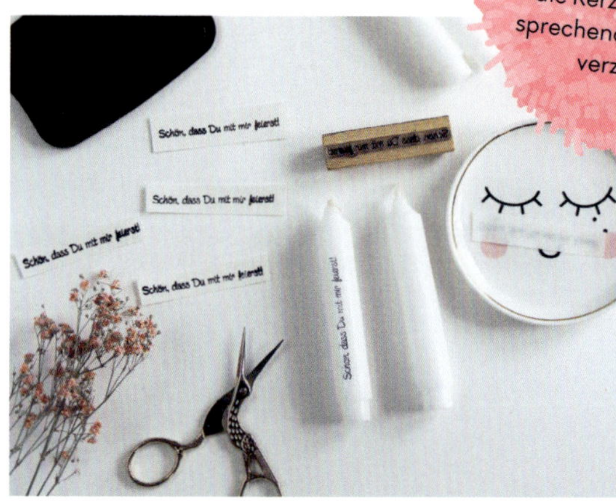

Und so geht's:

1 Stempel deinen gewünschten Schriftzug auf die Folie oder drucke dir einen Schriftzug am PC aus.

2 Lasse die Folie fünf Minuten trocknen und schneide den Schriftzug großzügig aus.

3 Nun legst du die Folie eine Minute in kaltes Wasser.

4 Anschließend schiebst du die Folie ganz einfach auf die Kerze.

5 Drücke den Schriftzug etwas an und tupfe ihn mithilfe des Geschirrtuches leicht trocken. Voilà, dein wunderschönes individuelles Gastgeschenk ist fertig!

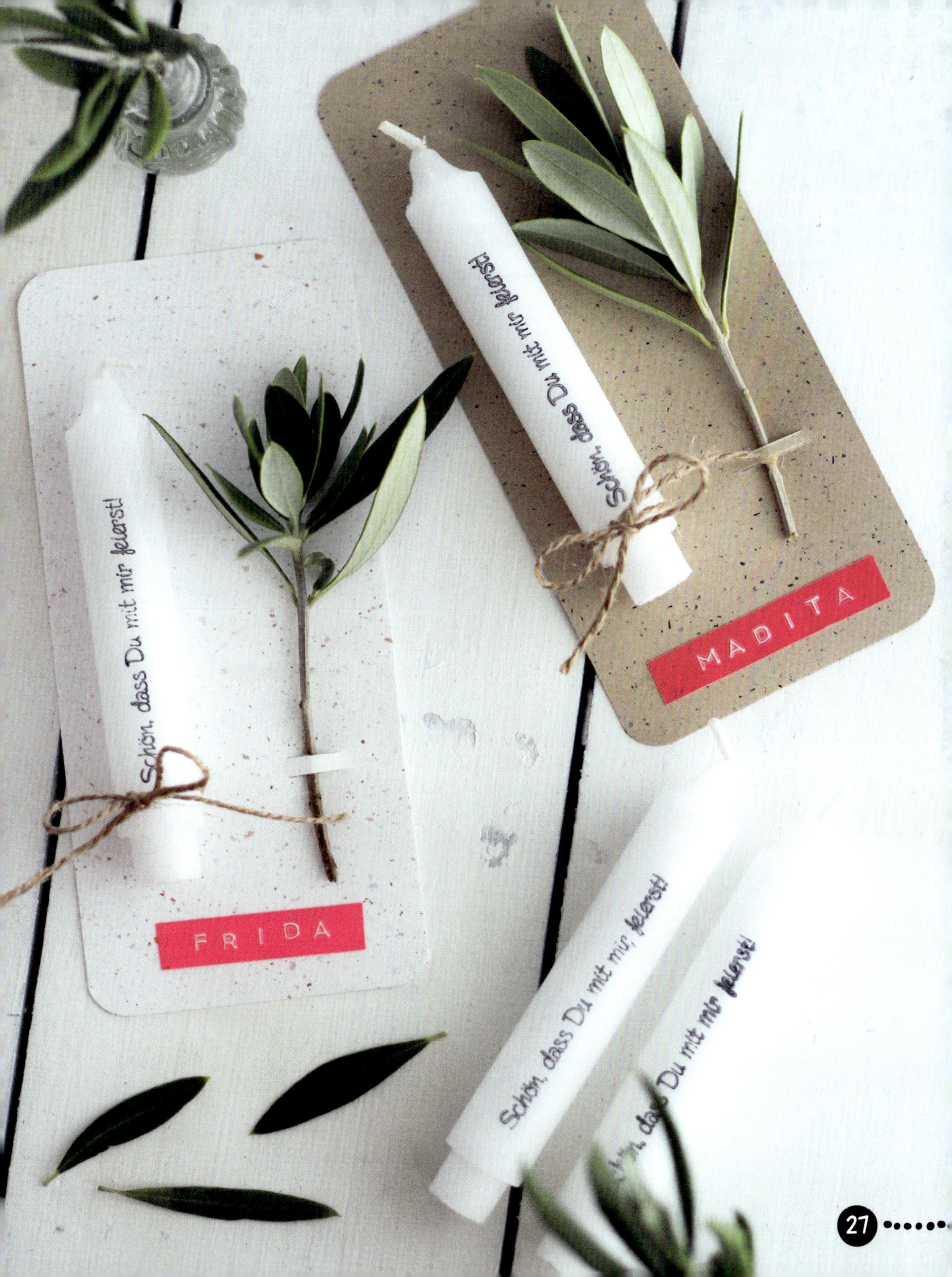
Schön, dass Du mit mir feierst!
MADITA
Schön, dass Du mit mir feierst!
FRIDA
Schön, dass Du mit mir feierst!
Schön, dass Du mit mir feierst!

FLOWER-POWER

mit gepressten Blüten

Im Frühling explodiert die Natur in meinem Garten. Überall blühen die Sträucher und die Frühlingsblumen. Ich sammle die Blütenblätter ein und presse sie in einer Blütenpresse. Vielleicht hast du auch noch eine Presse aus Kindertagen? Wer keine Presse hat, kann die Blätter auch ganz einfach in alten Büchern pressen. Die gepressten Blumen finden dann Verwendung in Grußkarten, Blumenkränzen und – selbstverständlich – auch bei meinen Kerzen.

Material:

- Blockkerze, ca. 15 cm lang
- gepresste Blumen
- Teelicht
- Pinsel

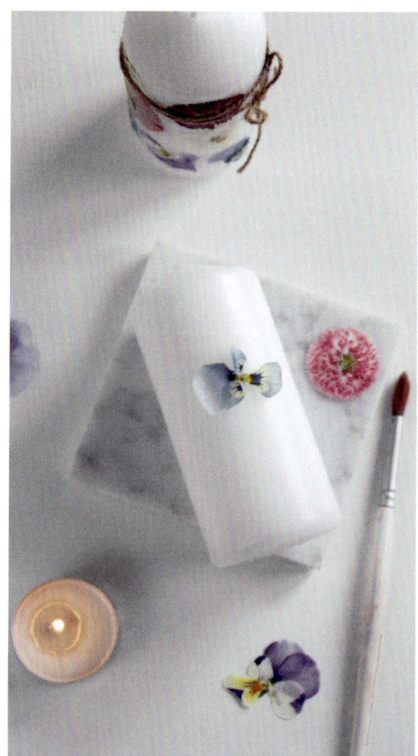

Und so geht's:

1 Zünde das Teelicht an und warte, bis das Wachs geschmolzen ist. Das Wachs kann nun als Klebstoff verwendet werden.

2 Das geschmolzene Wachs wird anschließend mit einem Pinsel dünn auf die Blockkerze aufgetragen.

3 Jetzt werden die gepressten Blütenblätter vorsichtig mit dem Pinsel auf die Kerze gedrückt. Du kannst auch noch etwas Wachs dünn auf die Blüten auftragen. So erhältst du eine schöne florale Kerze zum Verschenken oder für dich selbst.

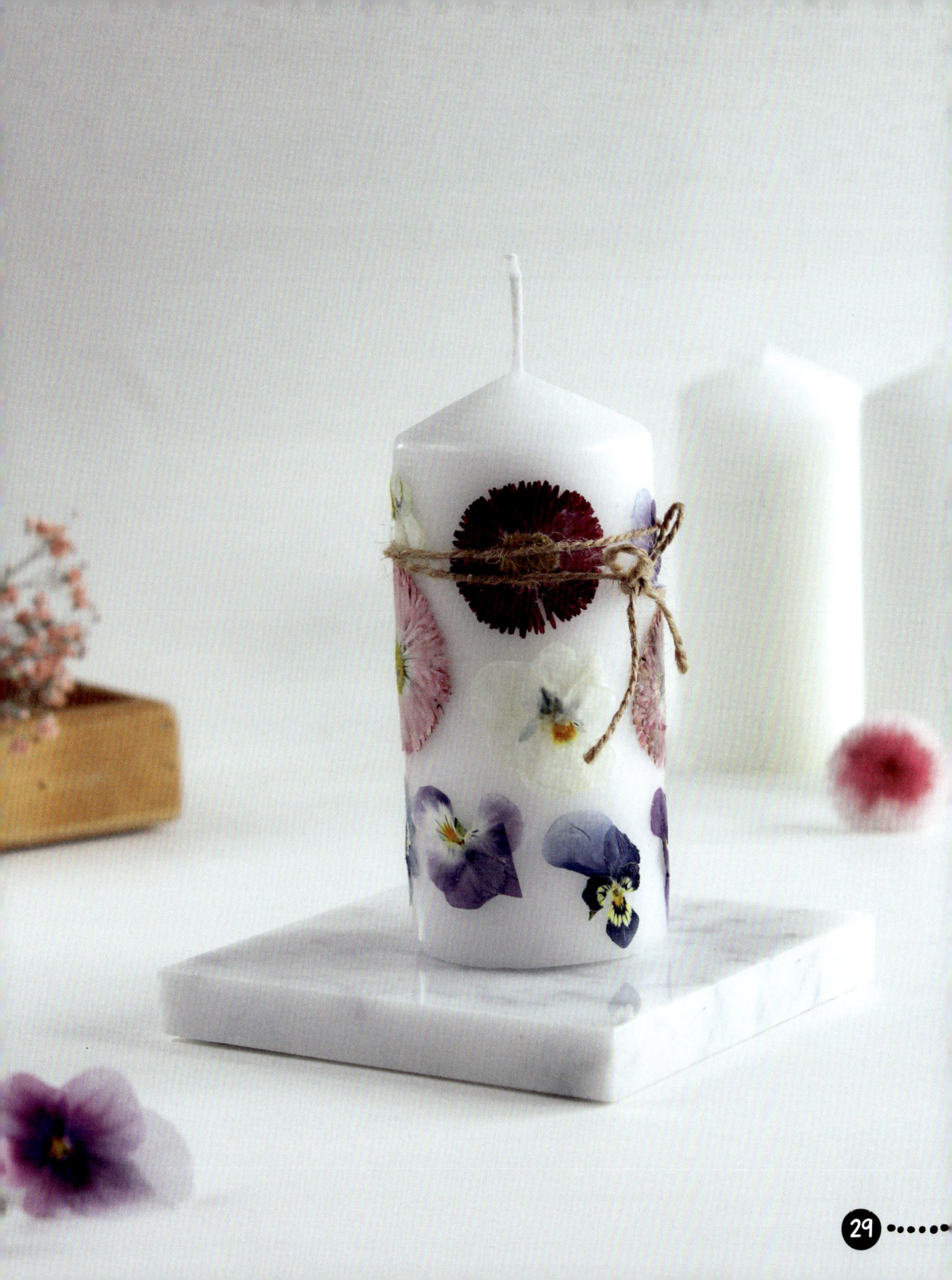

SAG ES MIT BLUMEN

Natürlich mit Bienenwachs

Diese Kerze eignet sich hervorragend als kleines Mitbringsel, zum Muttertag, als Geburtstagsgeschenk und zu vielen weiteren besonderen Anlässen. Sie kann schnell und einfach hergestellt werden und du benötigst nur wenige Materialien dazu. Ich habe sie aus Bienenwachs gegossen, da dieses wunderbar zu den natürlichen, gepressten Blumen passt.

Material:

- Windlichtglas oder ein anderes schönes Glas, ⌀ 9 cm, 9 cm hoch
- getrocknete Blumen
- 150 g Bienenwachs-pastillen
- Kerzendocht, ca. 9 cm lang
- 2 Zahnstocher
- Sprühflasche, mit Wasser gefüllt
- Pinzette
- Lavendel- oder Citronella-Öl (optional)

TIPP

Wenn du ein paar Tropfen Duftöl in das noch flüssige Wachs hineintropfen lässt, sieht deine Kerze nicht nur schön aus, sondern verströmt auch einen wunderschönen Duft. Urlaubsfeeling garantiert!

Und so geht's:

1. Schmelze die Bienenwachspastillen wie in der Grundanleitung beschrieben.
2. Sprühe die Innenseite deines Windlichtglases mit etwas Wasser ein.
3. Mit der Pinzette platzierst du nun die gepressten Blüten auf das Glasinnere und drückst sie vorsichtig fest.
4. Nun fixierst du den Docht mithilfe der zwei Zahnstocher in der Mitte des Glases.
5. Zum Schluss gießt du vorsichtig das geschmolzene Bienenwachs in das Glas.

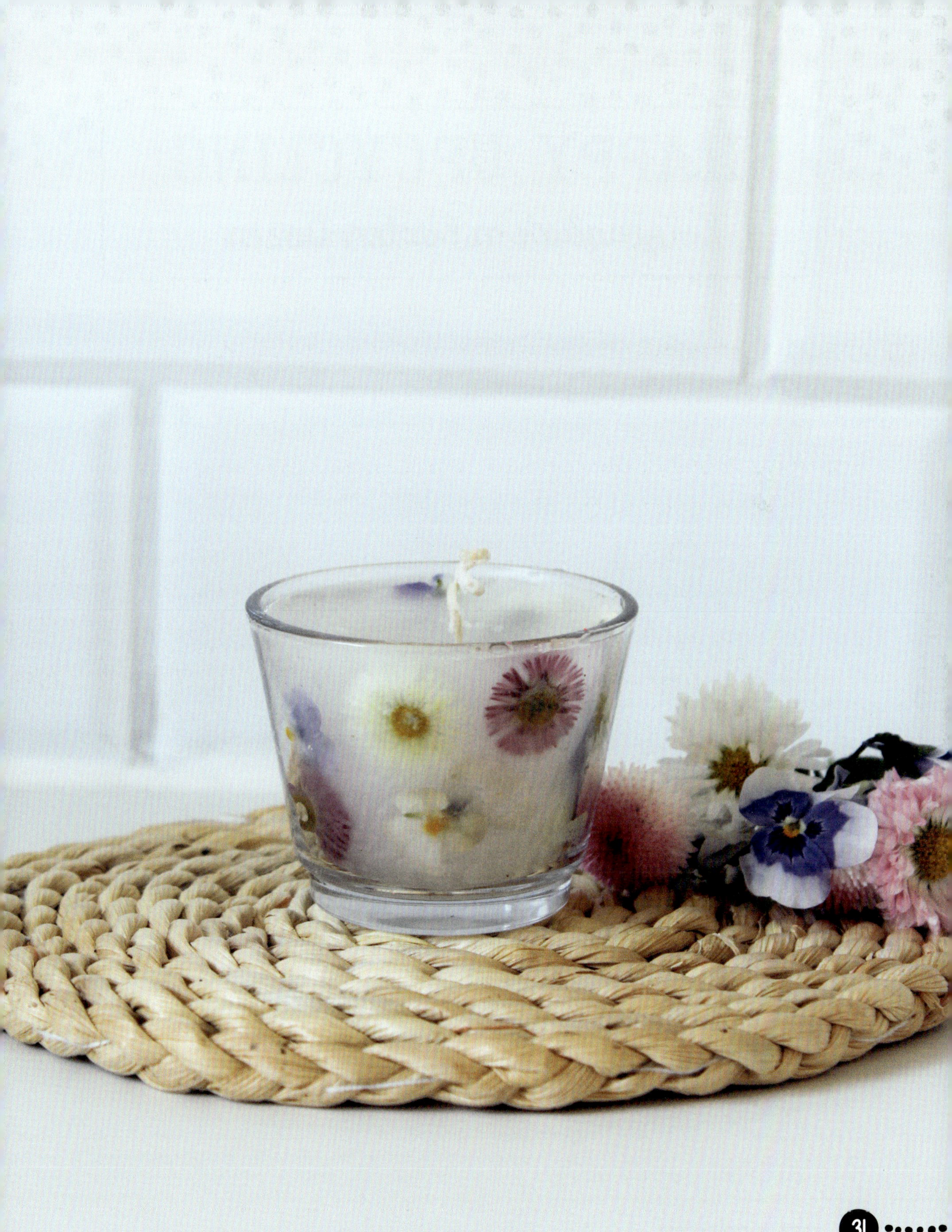

HAPPY UPCYCLING

Kerzenglück in bunten Dosen

Mit diesem tollen DIY-Projekt schonst du nicht nur den Geldbeutel, sondern auch die Umwelt. Denn mit alten Dosen lassen sich noch wunderschöne Kerzen kreieren. Garantiert ohne schlechtes Gewissen!

Material:

- 3 kleine Dosen, ⌀ 6,5 cm, 7 cm hoch
- Chalky-Sprühfarbe nach Wahl
- 300 g Wachsreste
- 3 Holzstäbchen
- 50 ml Olivenöl
- 2 Zahnstocher
- Duftöl (optional)
- Wachsmalstifte (optional)
- Stift (optional)

TIPP

Um etwas Farbe in die Dose zu bringen, kannst du Wachsmalstifte in einer Farbe deiner Wahl in das flüssige Wachs geben. Anschließend gut verrühren! Ein paar Tropfen Duftöl wie z.B. Rosen- oder Lavendelöl machen die Dosenkerze ebenfalls zu etwas ganz Besonderem!

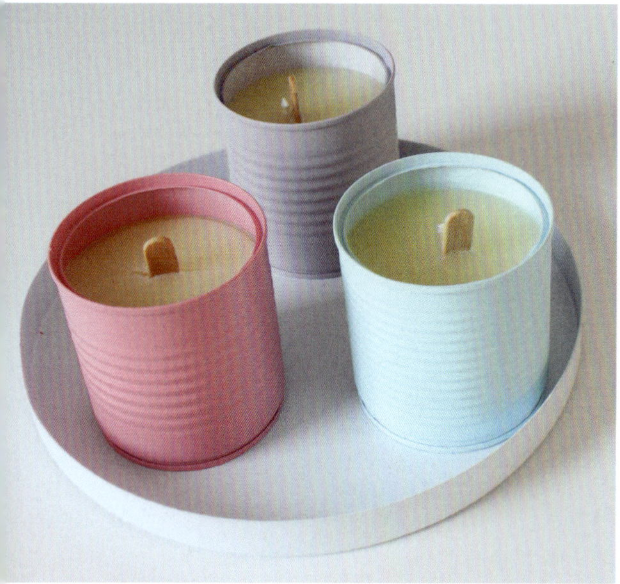

Und so geht's:

1. Lege die Holzstäbchen für 2–3 Stunden in Olivenöl ein.
2. Reinige die Dosen und entferne das Etikett.
3. Besprühe die Dosen im Außenbereich in deiner Wunschfarbe und lasse sie gut trocknen. Anschließend kannst du sie noch mit kleinen Botschaften verzieren.
4. Schmelze nun die Wachsreste im Wasserbad, wie in der Grundanleitung auf S. 14 beschrieben.
5. Stelle das geölte Holzstäbchen in die Dose und fixiere es mit den Zahnstochern (siehe S. 36).
6. Zum Schluss gießt du das heiße Wachs vorsichtig in die Dose. Easy Peasy, oder?

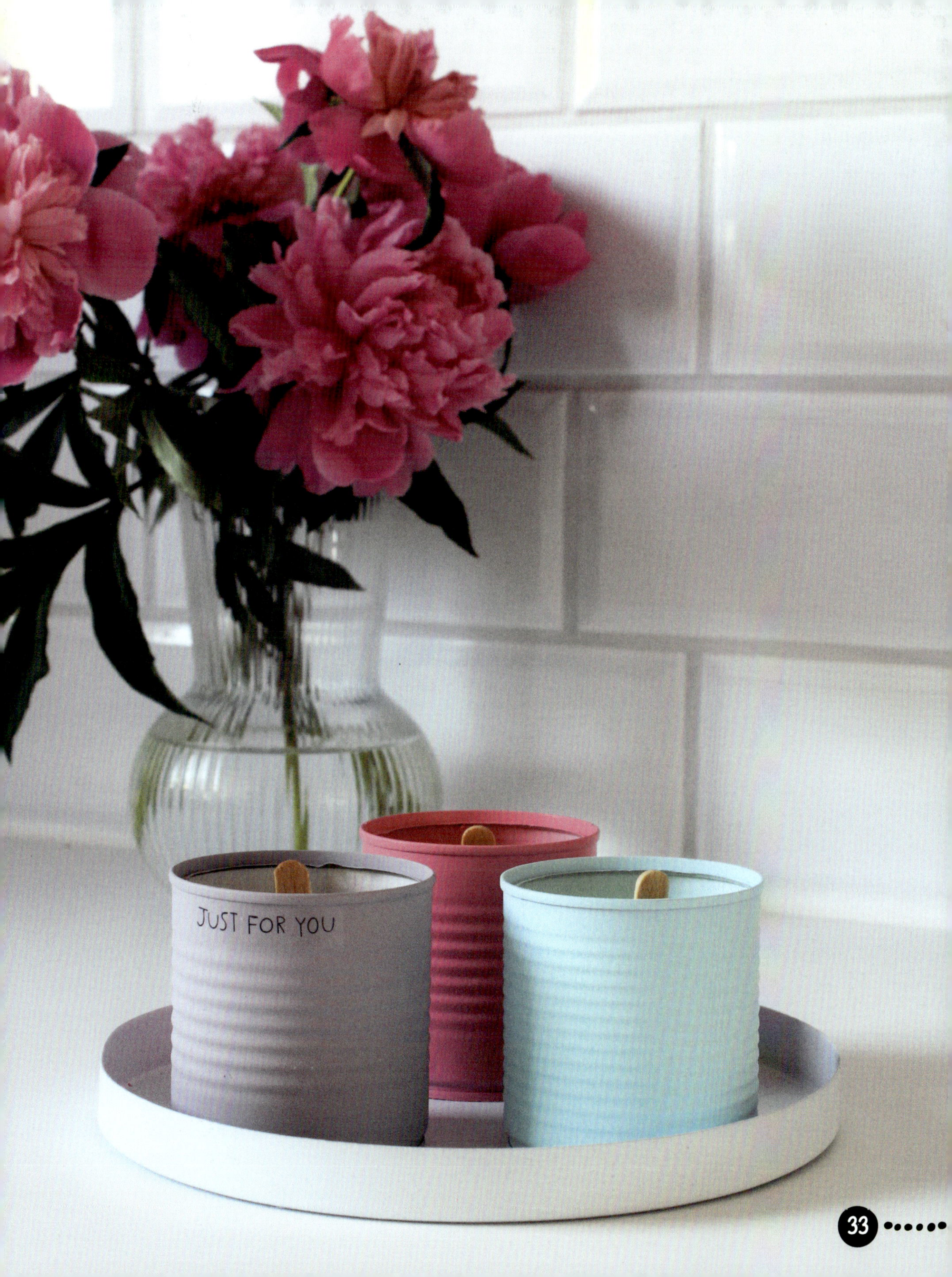
JUST FOR YOU

KERZE MIT TWIST

Gedrehte und verformte Kerzen

Diesem tollen Trend der gedrehten Kerzen bin ich sofort verfallen. Man kommt kaum daran vorbei, es selbst auszuprobieren! Du wirst sicherlich auch große Freude daran haben. Arbeitest du mit gekauften Kerzen, solltest du darauf achten, dass diese von guter Qualität und durchgefärbt sind. So erhältst du das schönste Ergebnis.

TIPP

Übe zuvor mit einer billigeren Haushaltskerze. Lasse deiner Kreativität freien Lauf und verbiege die Kerzen wie sie dir gefallen. Und schon hast du den Dreh raus!

Material:

- hochwertige, durchgefärbte Kerzen
- Nudelholz
- Schale mit warmem Wasser
- Holzbrett

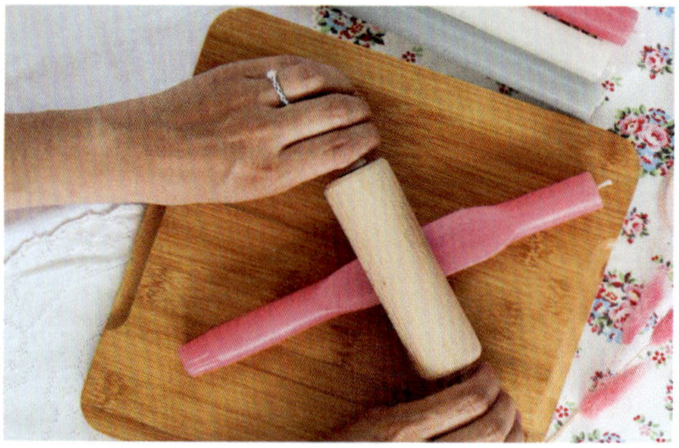

Und so geht's:

1. Die Kerze ca. 15 Minuten in eine Schüssel mit warmem Wasser legen. Achte darauf, dass die Kerze ganz mit Wasser bedeckt ist. Das Wasser darf nicht kochen, sonst schmilzt die Kerze.
2. Lege die vorgewärmte Kerze auf das Holzbrett. Rolle nun vorsichtig die Kerze mit dem Nudelholz zu einem dünnen Rechteck in der Mitte aus.
3. Die ausgewellte Kerze legst du erneut in das warme Wasser. Hat die Kerze eine weiche, geschmeidige Konsistenz erreicht, nimmst du sie wieder aus dem Wasserbad.
4. Drehe nun vorsichtig die Kerze in die gewünschte Richtung.
5. Zum Schluss legst du deine gedrehte Kerze 2–3 Minuten in kaltes Wasser, bis sie komplett ausgekühlt ist. Fertig ist deine Twisted Candle!

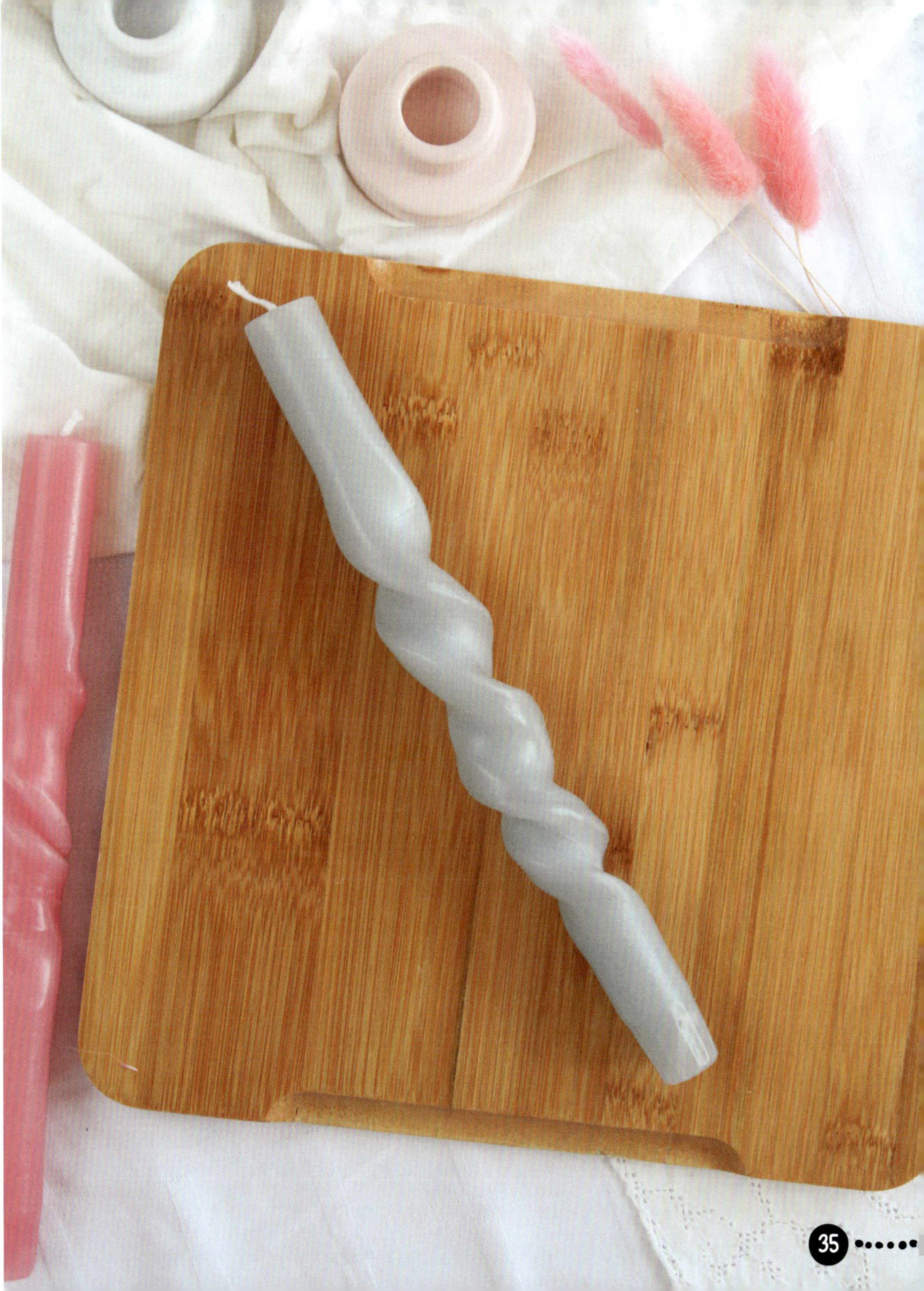

BUBBLE-KERZE

Eine außergewöhnliche Würfelform

An diesem Trend der Würfel-Kerzenform kommt man kaum vorbei. Ich habe mich selbst sofort verliebt. Im Internet findest du unzählige Silikonformen in verschiedenen Größen. Super easy und schnell herzustellen!

Material:

- Bubble-Silikongießform, 8 cm x 8 cm
- 150 g Wachsreste oder Wachslinsen
- Wachsmalstifte oder farbige Wachspastillen
- Kerzendocht
- 2 Zahnstocher
- Nadel

TIPP

Du kannst auch unterschiedliche Farben für eine Kerze nutzen. Jede Schicht muss ca. eine Stunde trocknen, danach kann man eine neue Farbe in die Silikonform gießen.

Und so geht's:

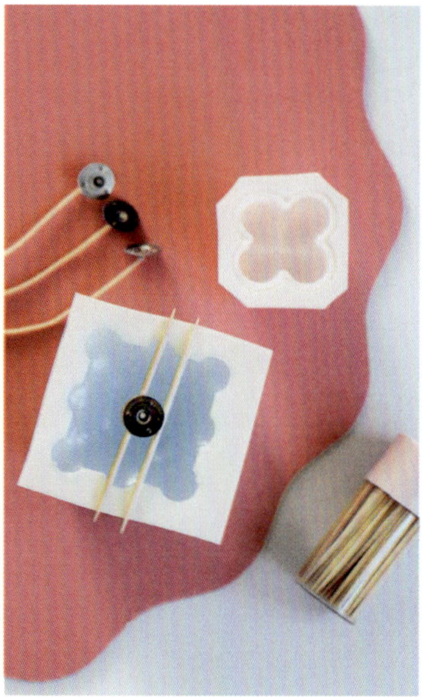

1. Schmelze das Wachs wie in der Grundanleitung auf S. 14 beschrieben in dem Wasserbad. Je nach Lust und Laune kannst du farbige Wachspastillen oder Wachsstifte hinzufügen.
2. In der Zwischenzeit kannst du den Docht auf eine Nadel fädeln und genau durch die Mitte der Silikonform stechen. Das andere Ende des Dochts wird mit Zahnstochern fixiert.
3. Fülle nun vorsichtig das heiße Wachs in die Silikonform.
4. Lasse die Kerze je nach Größe der Silikonform ca. 3–4 Stunden abkühlen.
5. Nun kannst du die Kerze vorsichtig aus der Silikonform drücken. Und schon ist die trendige Kerze fertig!

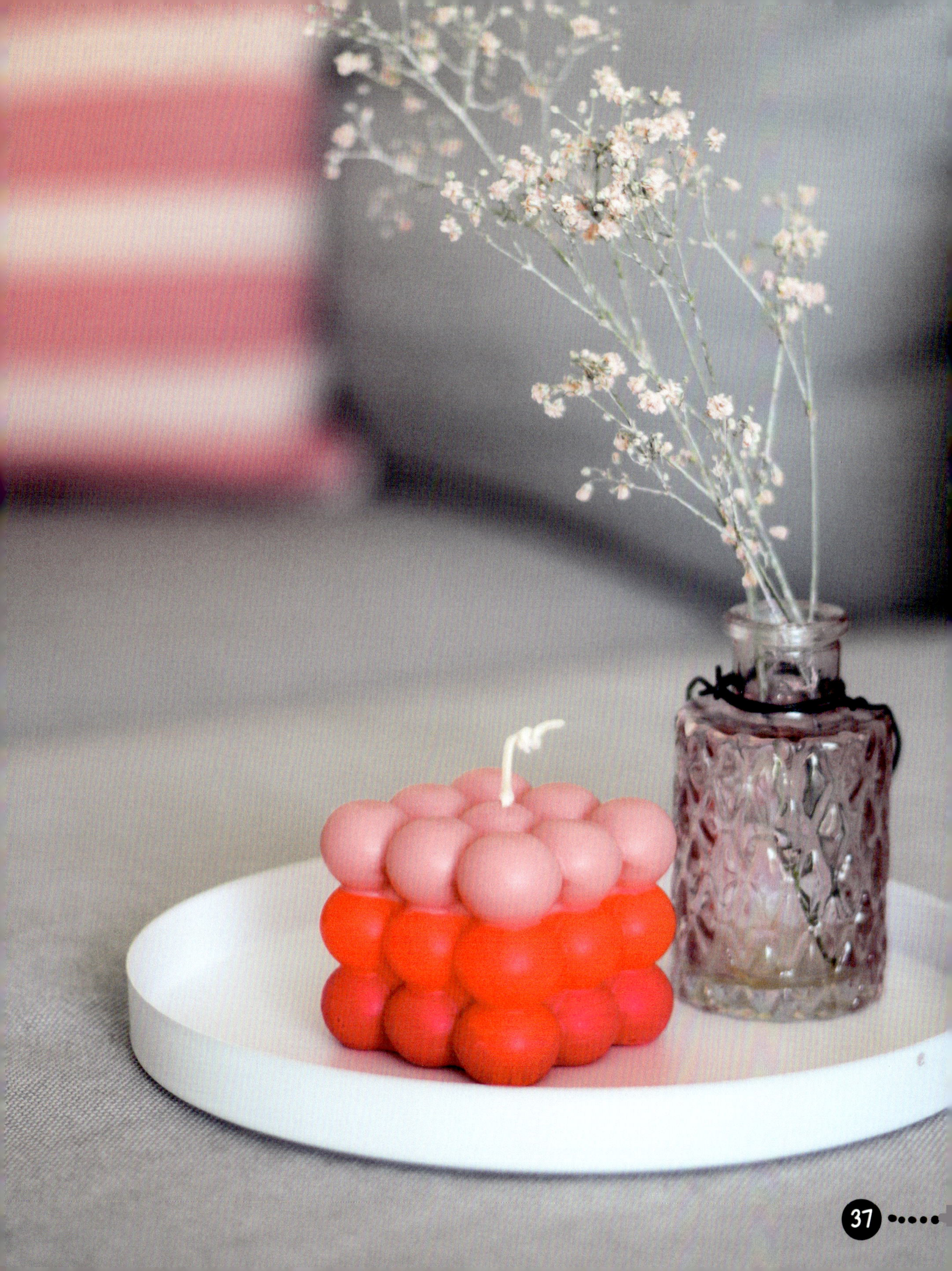

JAKOBSMUSCHEL

Beach-Feeling für zuhause

Diese außergewöhnliche Kerze wirkt super auf deinem Balkontisch oder in einem maritim gestalteten Badezimmer und bringt Urlaubsfeeling in dein Zuhause.

Material:

- Muschel-Gießform, 14,2 cm x 8,4 cm
- 150 g Wachsreste oder Wachslinsen
- farbige Wachspastillen oder Wachsmalstifte (optional)
- 2 breite Gummis
- Kerzendocht

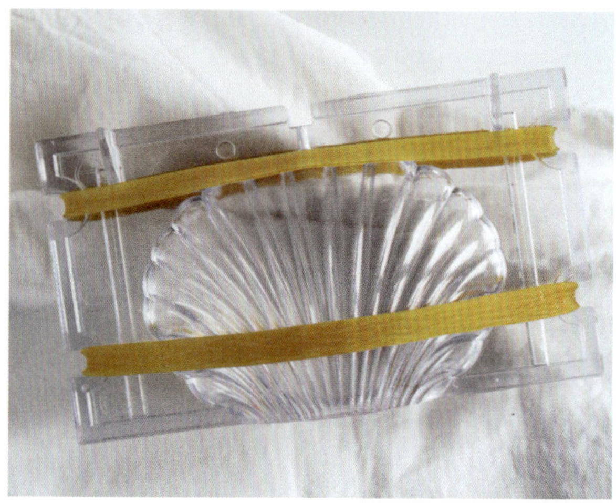

Und so geht's:

1. Verschließe die zwei Muschelhälften mit zwei Haushaltsgummis. Ziehe den Docht durch das Loch.
2. Schmelze das Wachs wie in der Grundanleitung beschrieben in dem Wasserbad. Je nach Lust und Laune kannst du farbige Wachspastillen oder Wachsstifte hinzugeben.
3. Fülle nun vorsichtig das Wachs in die Form.
4. Lasse die Kerze je nach Größe der Muschel ca. 3–5 Stunden abkühlen.
5. Entferne anschließend mit leichtem Druck die Kerze von den Muschelhälften. Fertig ist deine Kerze im Beach Style!

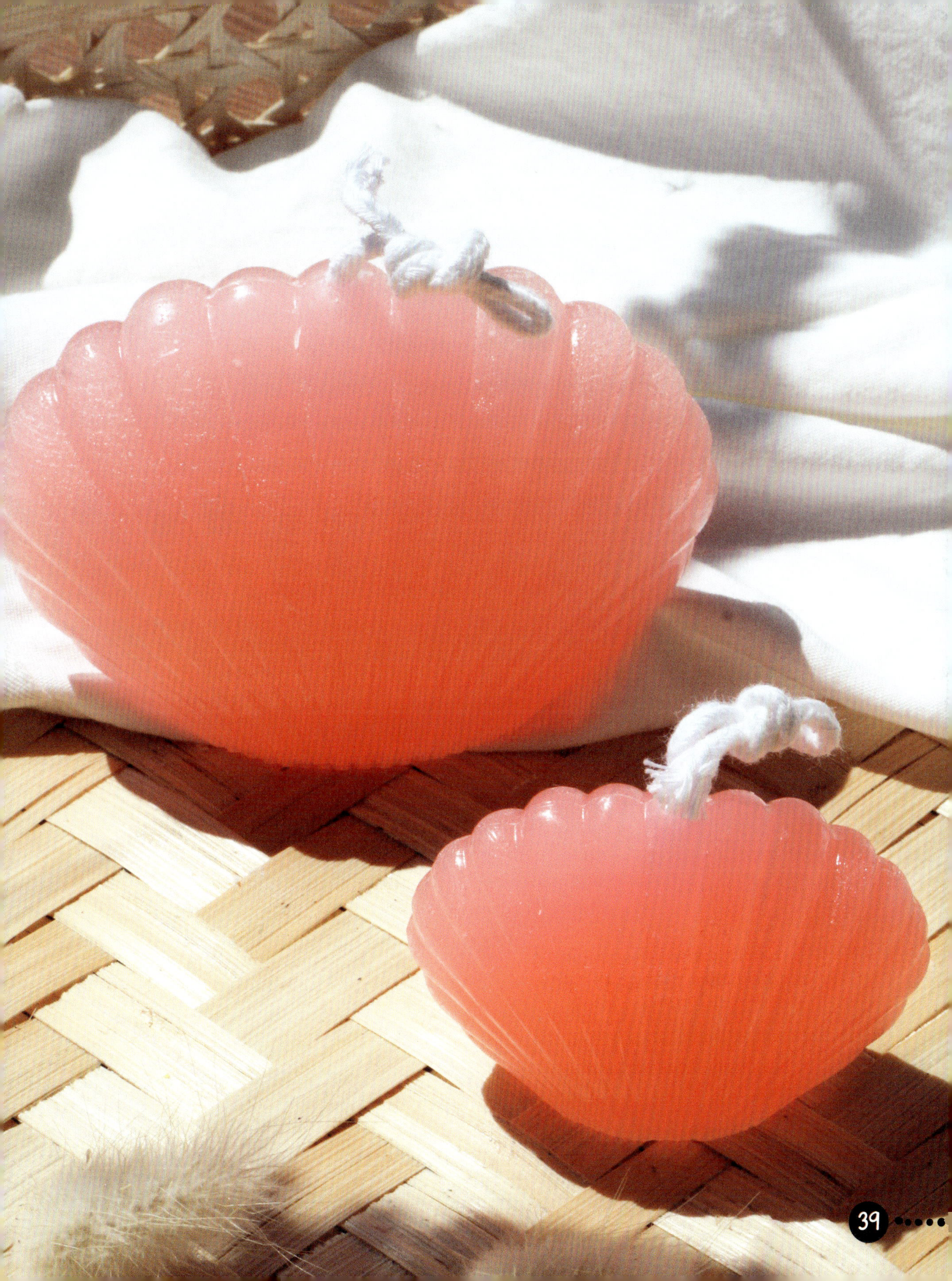

MESSAGE IN A CANDLE

Teelichter mit versteckten Botschaften

Vermutlich hat jeder von uns Teelichter zuhause. Sie sorgen für eine gemütliche und stimmungsvolle Atmosphäre und lassen sich ganz einfach etwas aufpeppen und so für besondere Anlässe wie Geburtstage, Weihnachten oder Silvester gestalten! Du wirst es kaum abwarten können, bis das Wachs endlich geschmolzen ist!

Material:

- Teelichter
- Pinzette
- Lochzange
- wasserfester Stift
- Schere
- Computer und Drucker

TIPP

Du kannst dir die Kreise auch aufzeichnen, mit einem Stift individuell beschriften und die Aluschälchen mit Washi-Tape hübsch bekleben.

Und so geht's:

1. Als Erstes kannst du dir eine Vorlage mit deiner Wunschbotschaft am Computer erstellen und ausdrucken. Schneide diese nun in Kreise aus.
2. Mithilfe der Lochzange stanzt du anschließend ein kleines Loch in die Mitte des Kreises.
3. Hole die Wachskerze aus dem Aluschälchen heraus. Mit der Pinzette entfernst du nun den Docht, führst ihn durch das Loch des ausgestanzten Kreises und durch das der Wachskerze.
4. Beides legst du anschließend wieder in das Aluschälchen zurück. Fertig ist deine Kerze. Anzünden, abwarten, surprise!

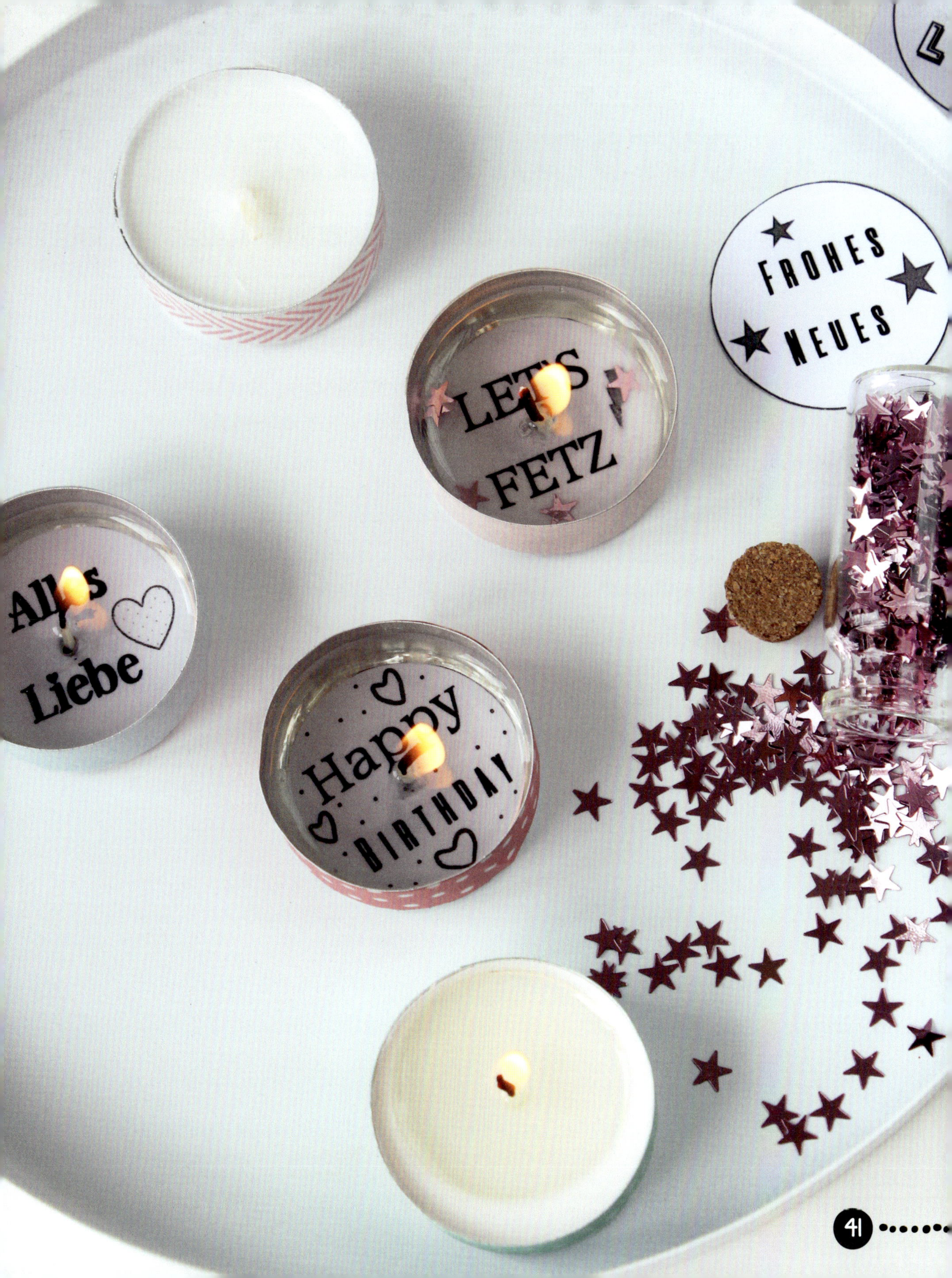
FROHES
NEUES
LET'S
FETZ
Alles
Liebe
Happy
BIRTHDAY

OUTDOOR-KERZE

Kleine Anti-Mücken-Hilfe

Wer kennt es nicht? Man sitzt in lauen Sommernächten auf der Terrasse oder dem Balkon und wird von lästigen Mücken umringt. Mit dieser Kerze schaffst du Abhilfe und die kleinen Quälgeister lassen dich in Zukunft in Ruhe!

Material:

- Einmachglas oder eine schöne Dose
- ca. 200 g Bienenwachslinsen, je nach Größe des Gefäßes
- 30 Tropfen Citronella-Öl
- Kerzendocht
- 2 Schaschlikspieße

TIPP

Du kannst deiner Kerze zusätzlich auch Rosmarinnadeln beimengen. Diese duften nicht nur herrlich und sehen schön aus, sondern erhöhen auch den Mückenschutz. Rührst du getrockneten Kaffeesatz unter das Bienenwachs, vertreibt deine Kerze tagsüber sogar lästige Wespen!

Und so geht's:

1. Die Bienenwachspastillen werden, wie in der Grundanleitung beschrieben, verarbeitet.
2. Nun gibt man auf 100 ml Wachs ca. 15 Tropfen Citronella-Öl in das leicht abgekühlte Bienenwachs.
3. Fixiere den Docht mithilfe der Schaschlikspieße in dem Glas oder der Dose.
4. Anschließend wird die duftende Bienenwachsmasse in das Gefäß gegossen.
5. Das gefüllte Glas solltest du nun mindestens 3–4 Stunden abkühlen lassen.

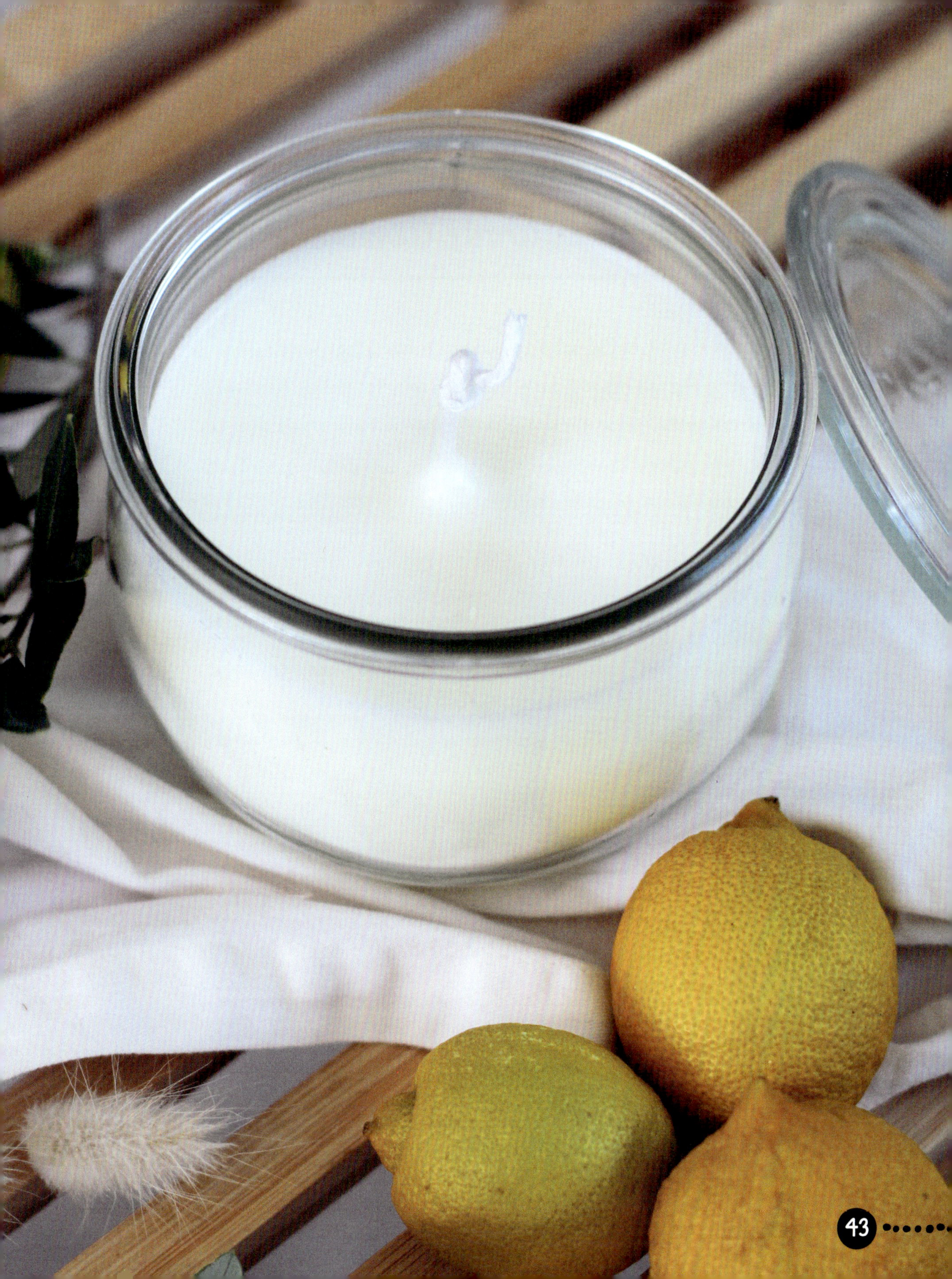

ANTI-STRESS-KERZE

für entspannte Abende

Abends ist man oft müde, schlapp, gestresst oder ausgepowert. Ein gemütlicher Fernsehabend, ein gutes Buch oder ein heißes Bad helfen mir bei meiner Erholung. Diese Kerze ist dabei ein hervorragender Begleiter für ruhige Abende. Der verwendete Lavendel entspannt und fördert somit einen gesunden Schlaf.

Material:

- Einkochglas, ca. 9 cm x 9 cm
- ca. 150 g Bienenwachslinsen, je nach Größe des Glases
- Kerzendocht
- 10–15 Tropfen Lavendelöl
- 10 g getrockneter oder frischer Lavendel
- 2 Schaschlikspieße (optional)

Und so geht's:

1. Die Bienenwachslinsen wie in der Grundanleitung beschrieben im heißen Wasserbad schmelzen lassen.
2. Das flüssige Wachs etwas abkühlen lassen und anschließend 10–15 Tropfen Lavendelöl hinzufügen.
3. Den Docht am Boden des Glases mit etwas flüssigem Wachs befestigen oder am oberen Rand mit zwei Schaschlikspießen fixieren.
4. Das Bienenwachs vorsichtig in das Einkochglas gießen.
5. Nach Belieben mit getrocknetem oder frischem Lavendel dekorieren und das Wachs erkalten lassen. Für Entspannung ist gesorgt!

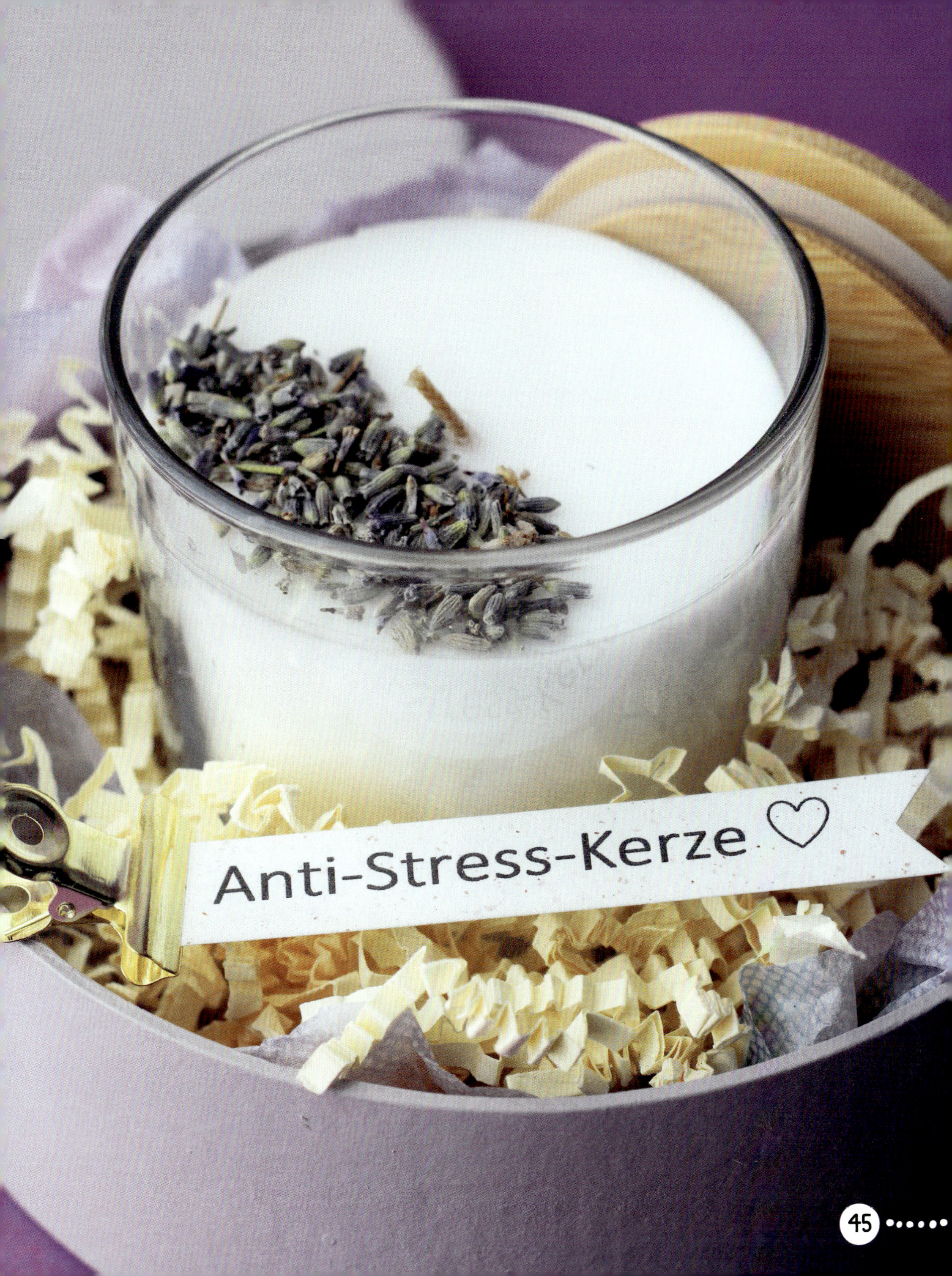
Anti-Stress-Kerze

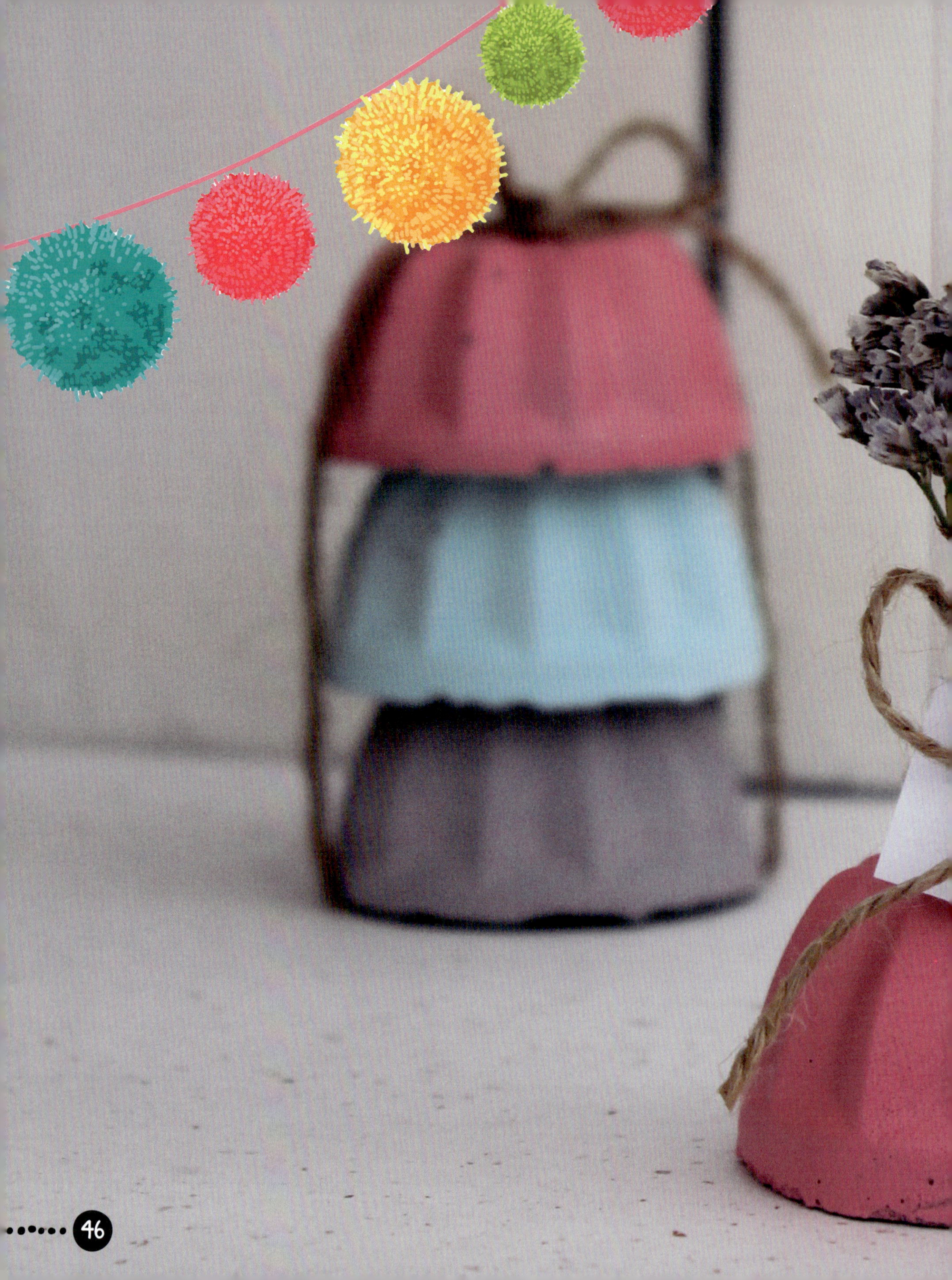

KERZENSTÄNDER GESTALTEN

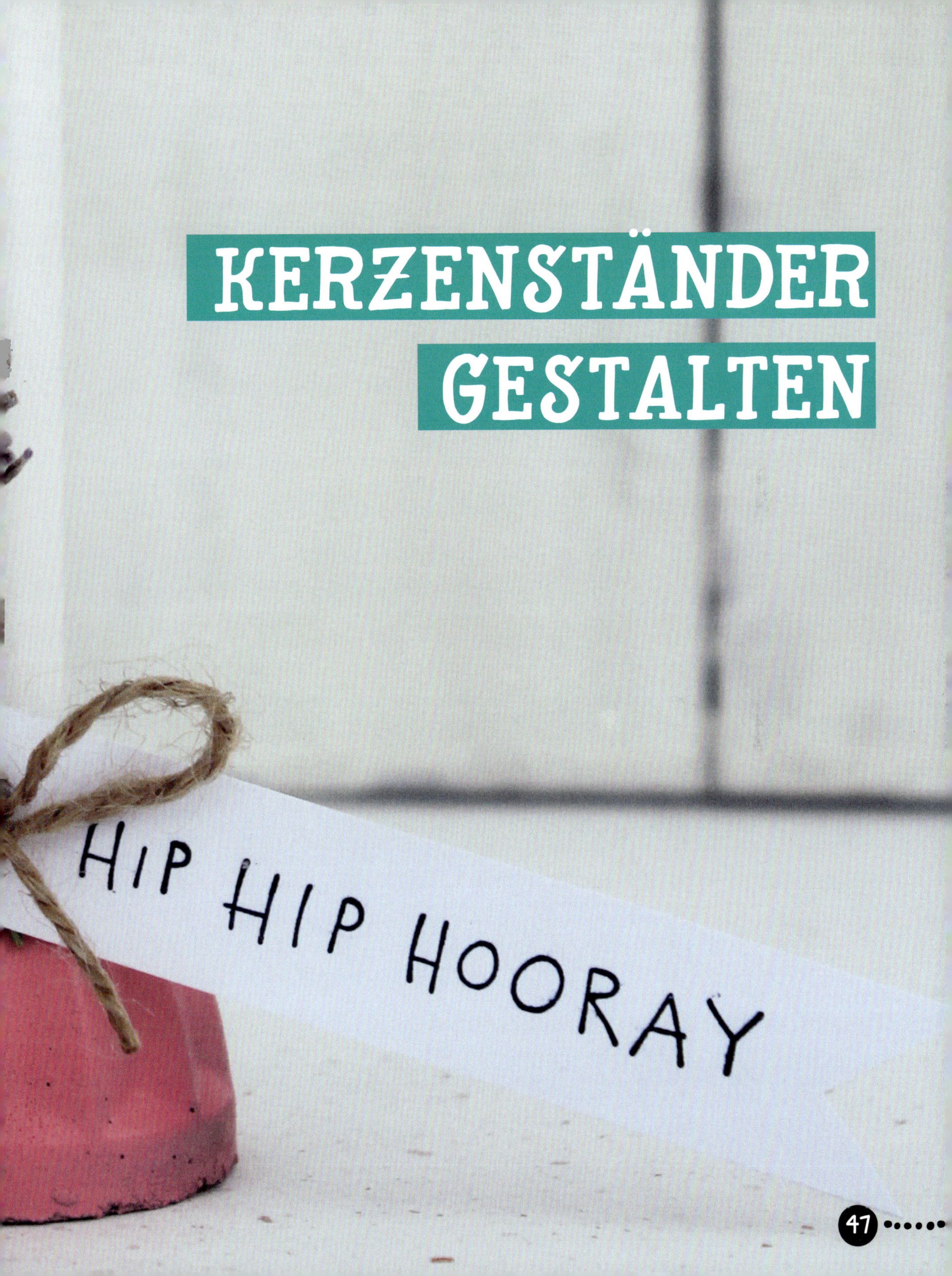

SUMMERTIME

Ein kugelrundes Windlicht

Im Sommer gibt es nichts Schöneres, als mit der Familie oder mit seinen Freunden abends auf der Terrasse zu sitzen und den Tag bei Kerzenlicht und einem Gläschen gutem Wein ausklingen zu lassen. Diese wunderschöne DIY-Kerze verleiht dem Abend mit ihrem warmen Licht eine ganz besondere Stimmung und versprüht Sommerfeeling.

Material:

- 200 g Wachsreste oder Wachslinsen
- 20 g farbige Wachspastillen oder Wachsmalstifte
- Luftballon, ø 14 cm
- Küchenthermometer
- Schere
- Teelicht
- Küchenrolle
- Messer

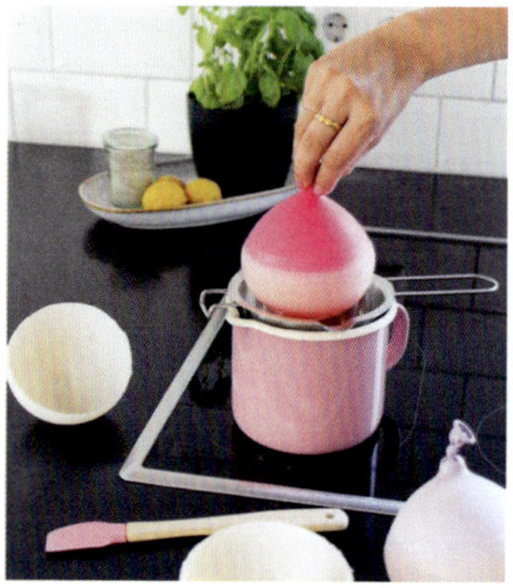

Und so geht's:

1. Das Wachs in einem breiten Gefäß auf dem Herd im Wasserbad zum Schmelzen bringen.
2. Die Wachsmasse auf etwa 50 °C abkühlen lassen. Ist das Wachs zu heiß, könnte der Ballon platzen.
3. Den Luftballon mit Wasser befüllen, bis er einen Durchmesser von 14 cm erreicht hat und mit einem Knoten verschließen.
4. Jetzt tauchst du den Luftballon 20–30 mal kurz in das Wachs. Nun den Luftballon 15 Minuten auf einem Küchentuch auskühlen lassen.
5. Schneide mit einer Schere den Knoten des Luftballons ab und schütte das Wasser aus.
6. Den Boden der Wachsschale kannst du mithilfe eines heißen Messers begradigen. Dadurch erhält das Windlicht einen sicheren Stand.
7. Stelle zum Schluss ein Teelicht in die Wachsschale. Fertig!

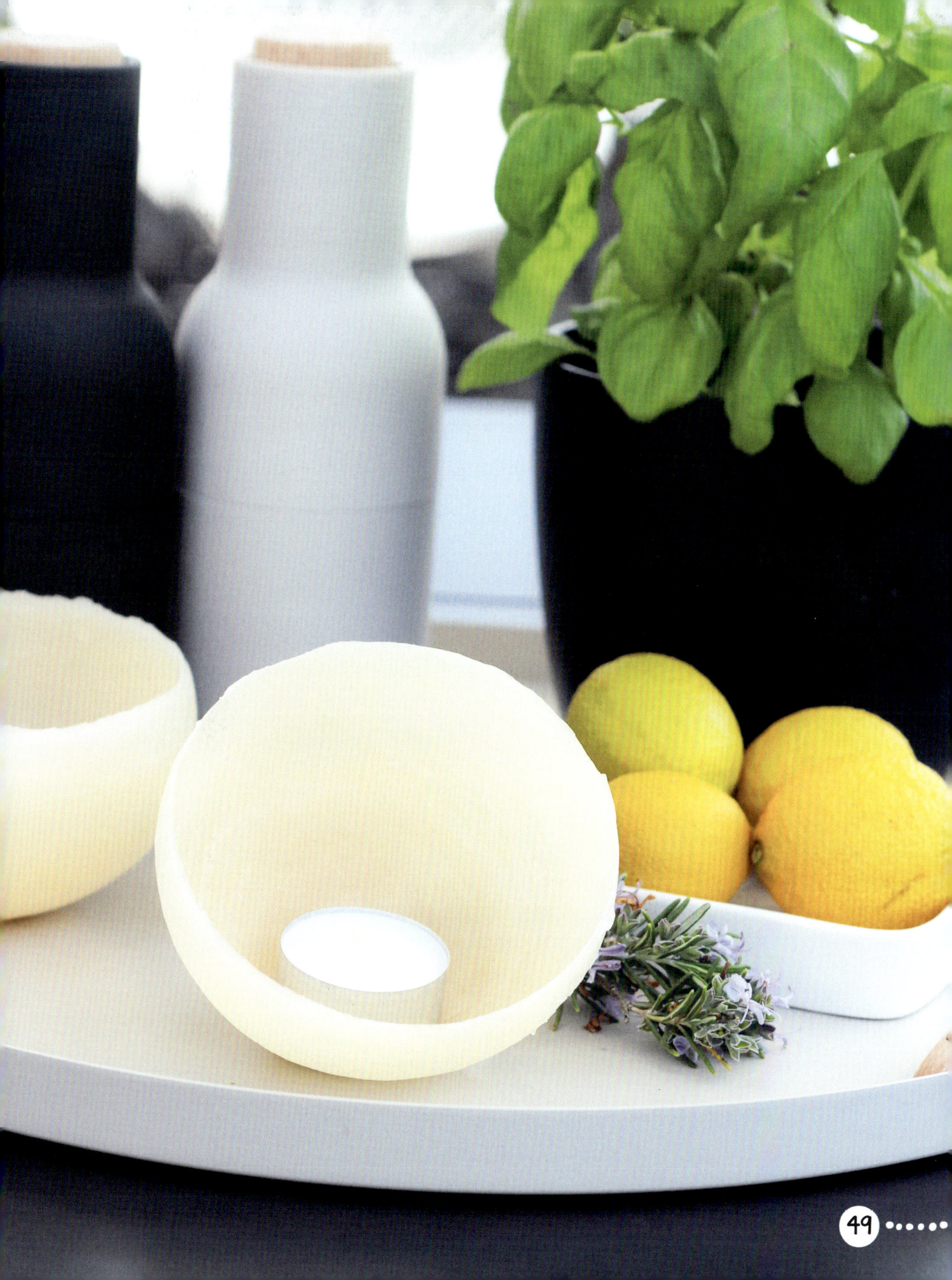

BUNT, BUNTER, FIMO®!

Kugelbunte Kerzenständer

Achtung, Suchtgefahr! Wer das erste Mal mit FIMO® arbeitet, wird es wie ich sehr schnell lieben lernen, denn es macht unglaublich viel Spaß damit zu arbeiten! Diese kleinen Kerzenständer lassen sich sehr schnell erstellen und können auch wunderbar zum Geburtstag an Jung und Alt verschenkt werden. Probiere es einfach aus!

Material:

- 57 g FIMO® (ca. 14 g pro Kerzenständer)
- kleine Kuchenkerze, ca. 14 cm lang
- Unterlage
- Backpapier
- Backblech

Und so geht's:

1. ¼ der FIMO®-Packung in den Händen zu einer Kugel formen.
2. Die kleine Kuchenkerze senkrecht in die Kugel stecken und anschließend wieder entfernen.
3. Lege die geformte Kugel nun auf ein mit Backpapier ausgelegtes Backblech.
4. Lasse deinen Kerzenständer abschließend ca. 1–2 Stunden bei 90 °C im Backofen aushärten. Ratz-fatz-fertig!

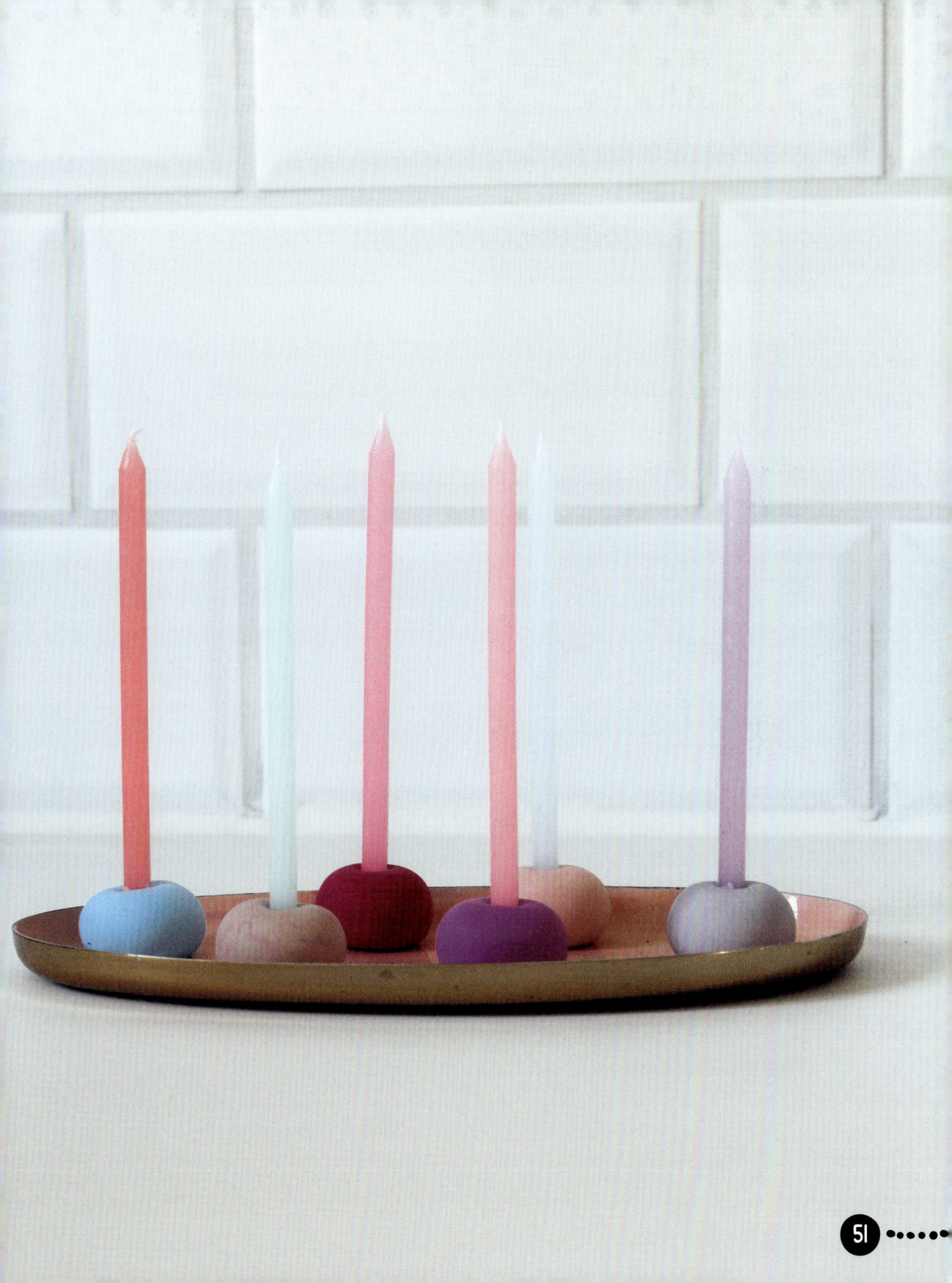

GUGELHUPF-KERZENSTÄNDER

für die Kuchentafel

Wer kennt ihn nicht, den leckeren Gugelhupfkuchen von Mama oder Oma beim Sonntagnachmittagskaffee? Einfach lecker! Hier findest du eine kleine Verwandte des Gugelhupfes als Kerzenständer für die nächste große Kuchentafel.

Material:

- alte Schüssel
- 30 g Feinbeton zum Gießen (pro Kerzenständer)
- Löffel
- Gugelhupf-Silikongießform, 30 cm x 20 cm x 2,3 cm
- Chalky-Sprühfarbe (nach Wahl)
- Unterlage, z.B. Zeitungspapier
- kleine Kerze, ca. 10 cm lang

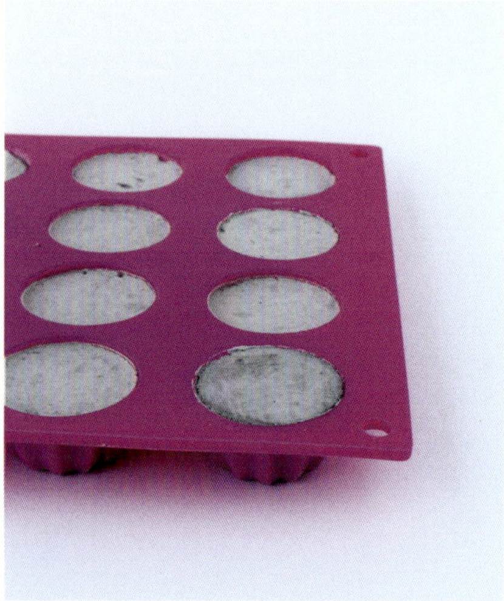

Und so geht's:

1. Den Feinbeton nach Anleitung anrühren.
2. Gieße anschließend den Beton in die Gugelhupfform.
3. Rüttle die Form nun ca. 5 Minuten ab, um Luftbläschen im Beton zu vermeiden.
4. Wenn die Masse getrocknet ist, besprühst du den kleinen Kuchen mit der Sprühfarbe.
5. Nun kannst du die Kerze in das Loch des Gugelhupfes stecken. Fertig ist die Deko für einen gemütlichen Sonntagnachmittag!

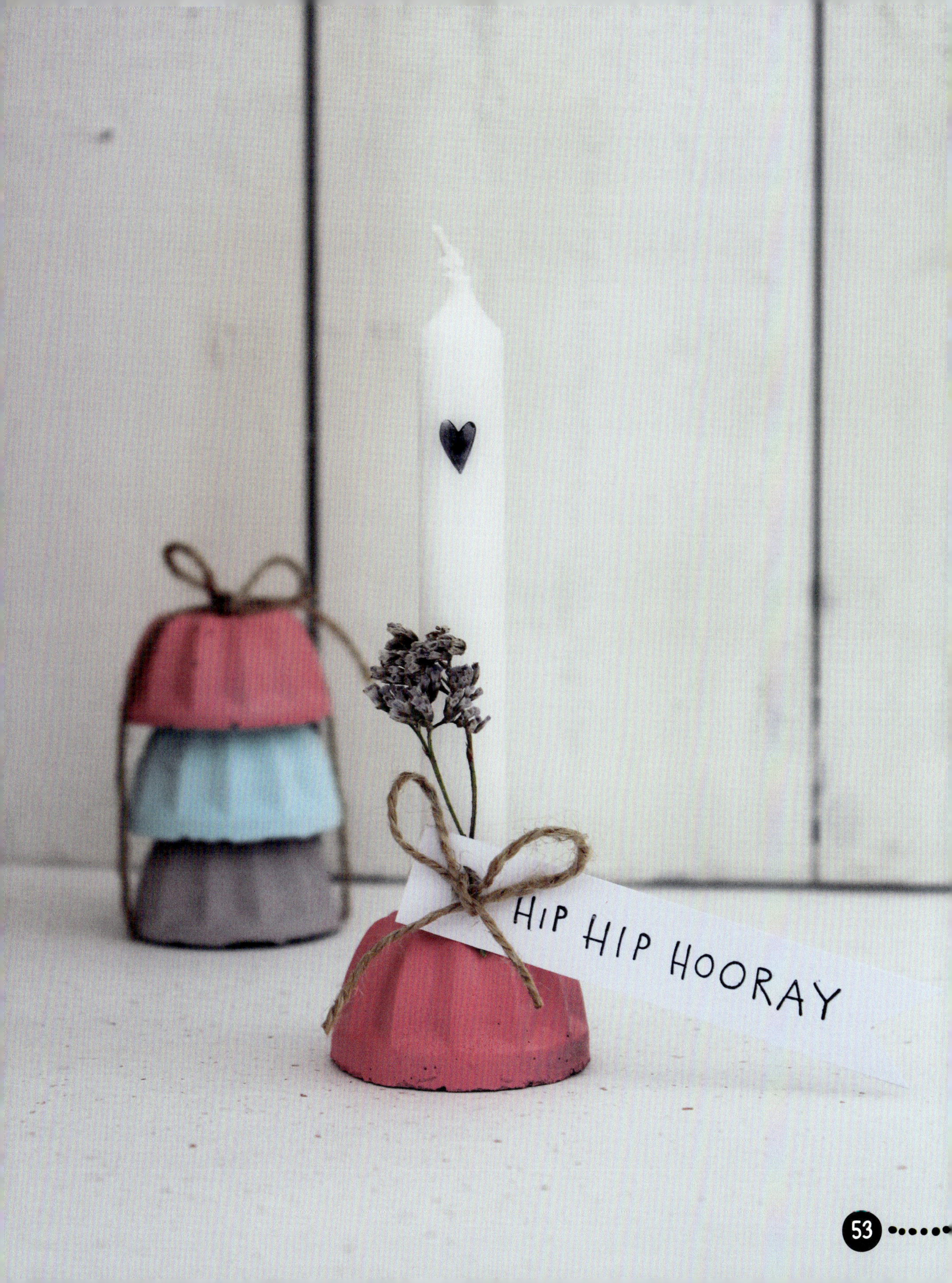
HIP HIP HOORAY

KERZENSTÄNDER IM BETONLOOK *einfach gemacht*

Ich arbeite unglaublich gerne mit Feinbeton, denn mit diesem lassen sich im Handumdrehen ganz besondere Kerzenständer mit wenig Budget umsetzen. Du brauchst für dieses Modell nicht einmal eine besondere Gießform!

Material:

- Stabkerze, ca. 18 cm lang
- Milchkarton
- Messer
- ca. 150 g Feinbeton
- kleiner Kupfer Fitting, ⌀ ca. 1,8 cm

TIPP

Du kannst deinen Kerzenständer auch mit deinen Lieblingsfarben bemalen. Ich verwende hierfür z.B. super gerne Chalky-Sprühfarben.

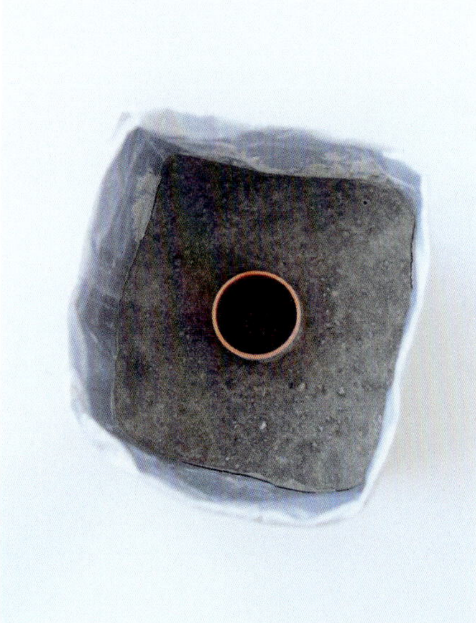

Und so geht's:

1. Zunächst den Milchkarton mit einem scharfen Messer auf die gewünschte Höhe des Kerzenständers kürzen. Danach wird dieser gut mit warmem Wasser ausgespült.
2. Nun den Feinbeton nach Packungsanleitung anrühren und in den offenen Milchkarton gießen.
3. Zum Schluss wird der Kupfer Fitting ca. 0,5 cm in den flüssigen Beton gedrückt. Aushärten lassen, den Milchkarton entfernen und schon ist ein stylischer selbstgemachter Kerzenständer entstanden.

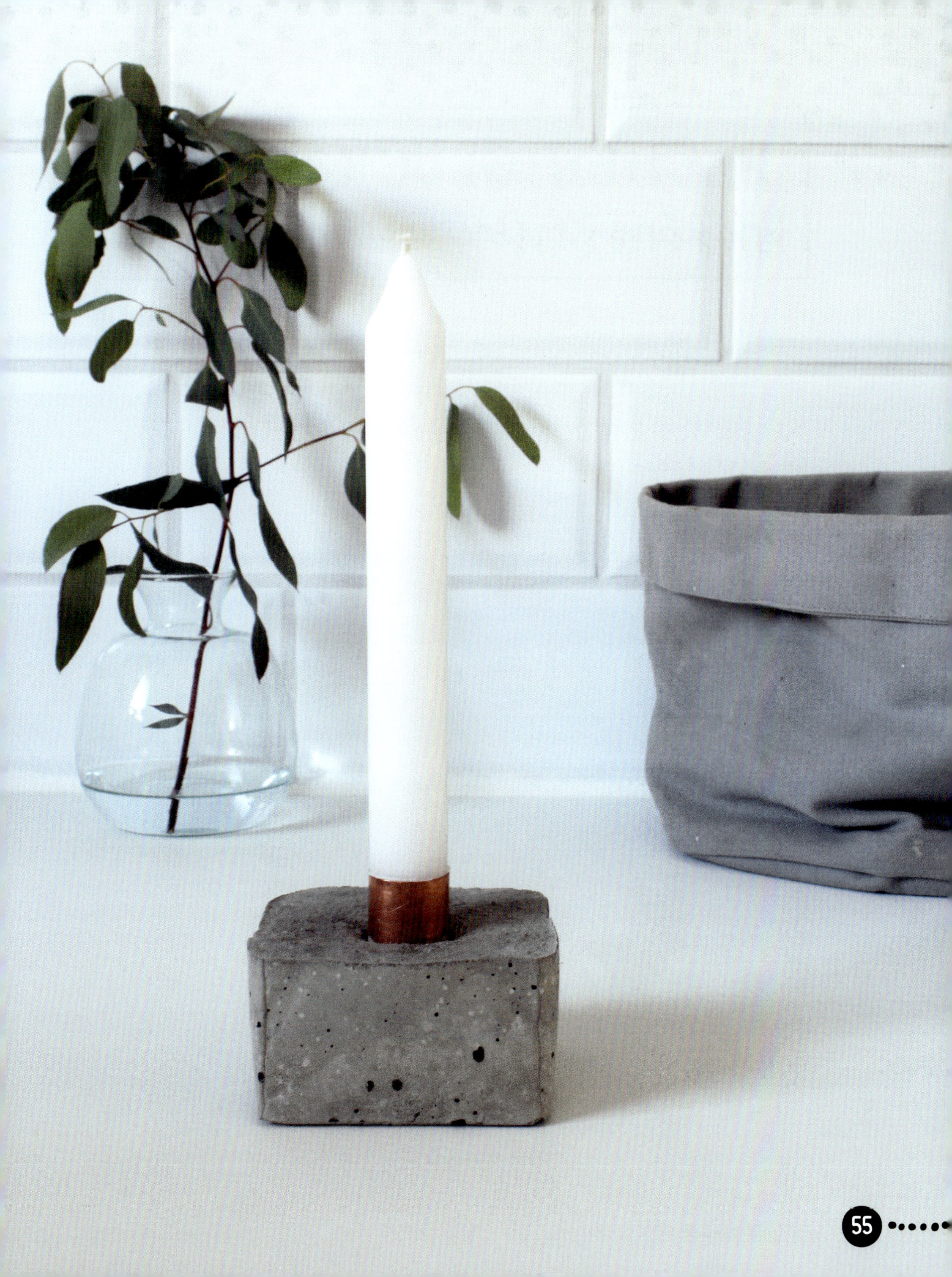

BECHER-GLÜCK Kleine Upcycling-Kerzenständer ganz groß

Meine kleinen Töchter essen für ihr Leben gerne Früchtequark. Doch wohin mit den leeren Plastikbechern? So entstand die Idee zu diesem Upcycling-Projekt. Denn die kleinen Becher eignen sich perfekt als Gießform für Feinbeton!

Material:

- 3 kleine Quarkbecher, ca. 6 cm x 4,5 cm
- ca. 150 g Feinbeton
- Permanentmarker, ø 0,2 cm
- 3 kleine Kerzen, je ca. 12 cm lang
- alte Schüssel
- Löffel
- Schere

TIPP

Du kannst deine Kerzenständer nach Lust und Laune bemalen. Knallige Farben kombinierst du am besten mit schlichten einfarbigen Kerzen.

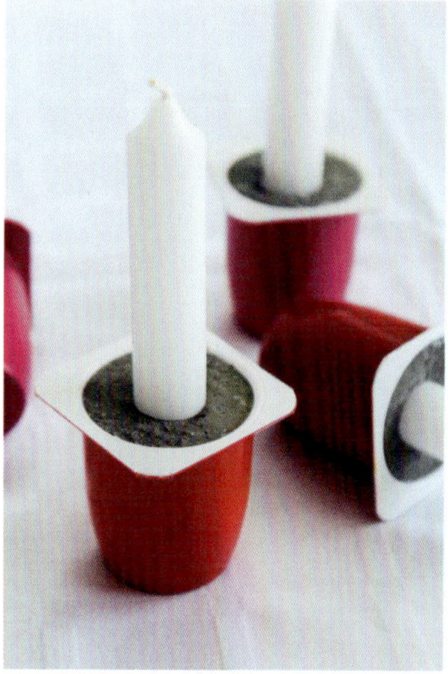

Und so geht's:

1. Die Becher sauber spülen und trockenreiben.
2. Den Feinbeton nach Packungsanleitung anrühren und die Becher zu ¾ damit befüllen.
3. Um störende Luftblasen zu vermeiden, werden die Becher nun gut abgerüttelt.
4. Drücke die Kerze anschließend ca. 2–3 cm tief in den noch weichen Beton hinein.
5. Den Becher mit der Kerze ca. 12 Stunden trocknen lassen.
6. Abschließend kannst du den Plastikbecher mithilfe einer Schere entfernen und nach Belieben bemalen.

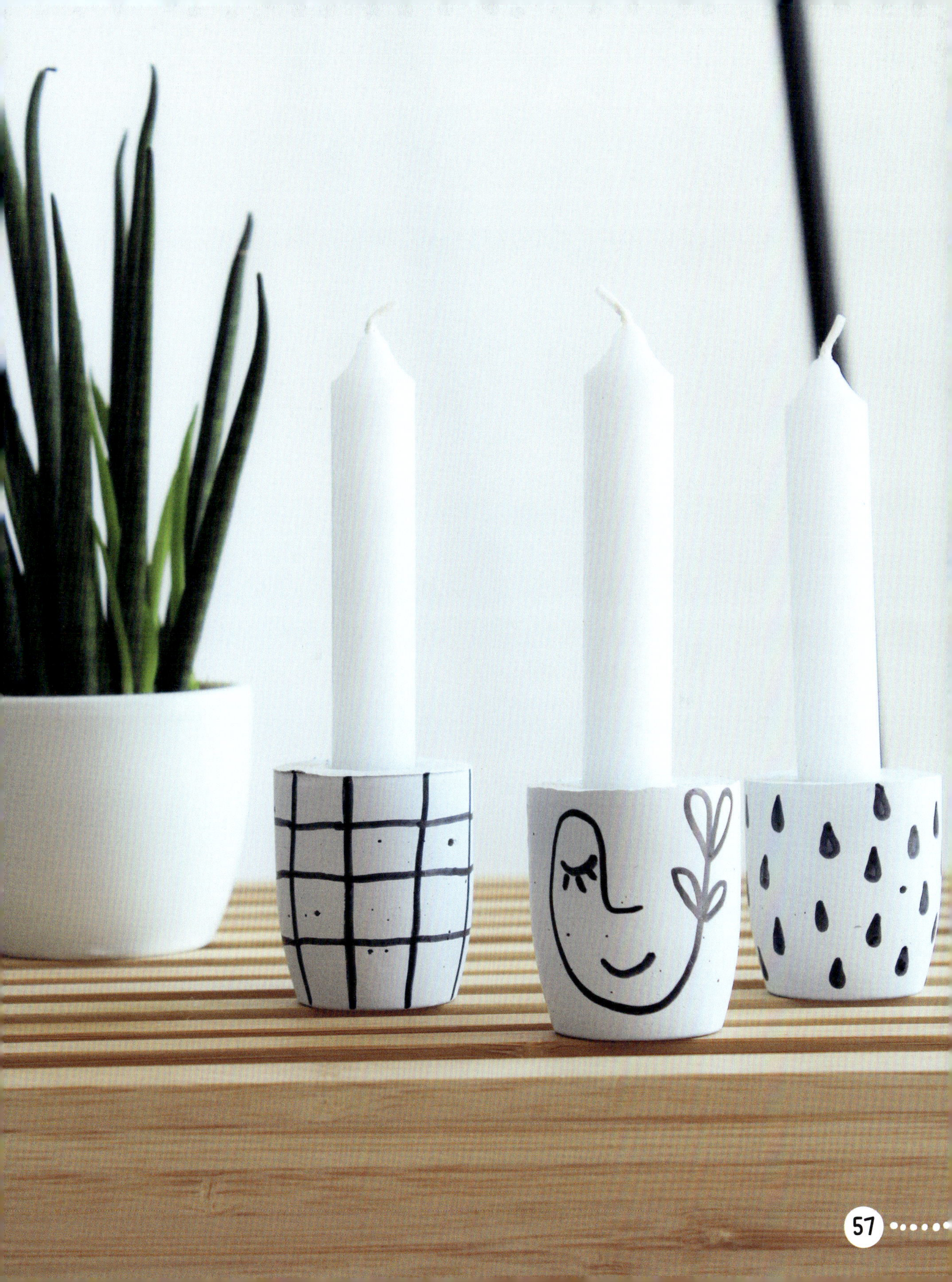

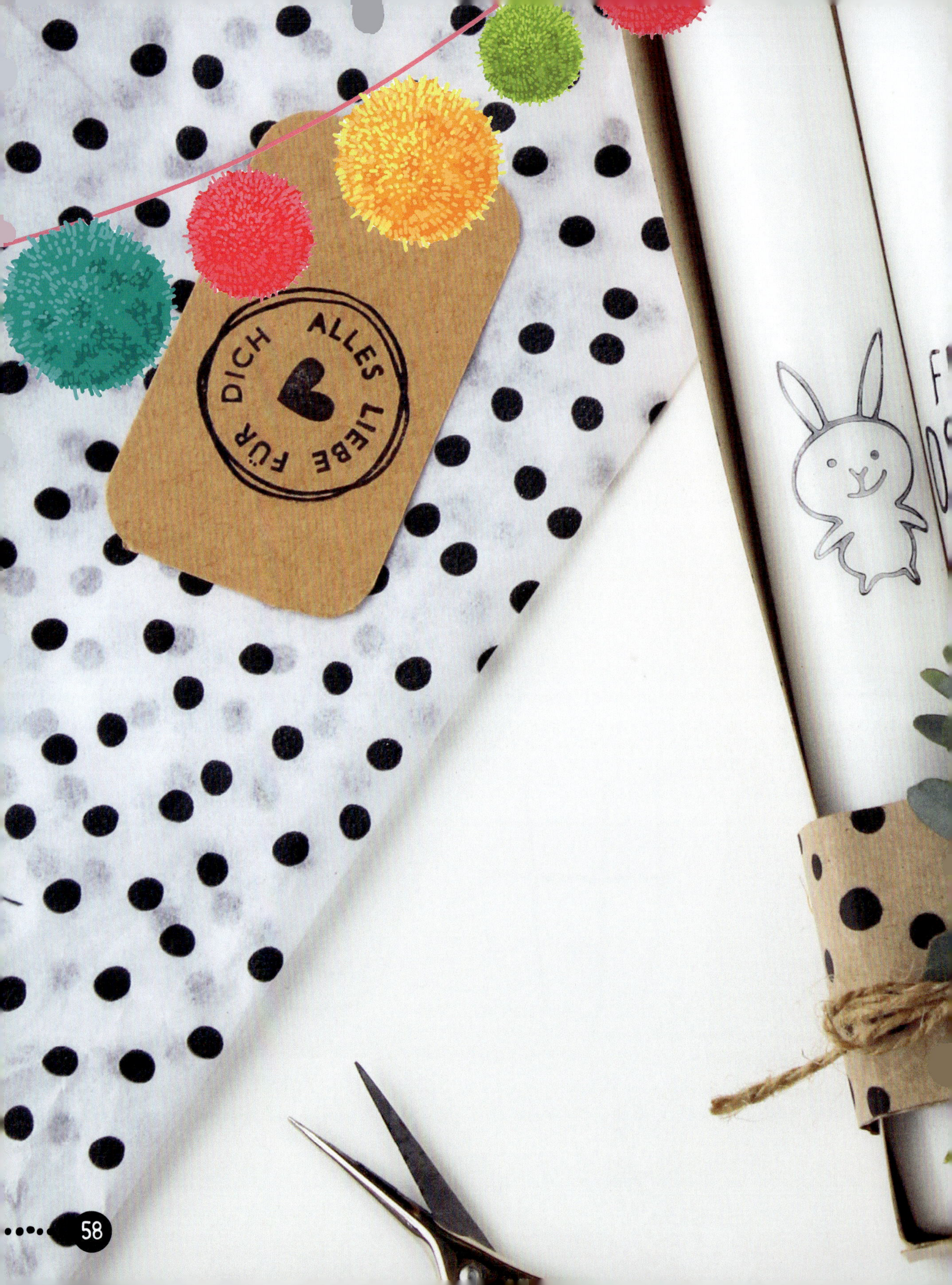
ALLES LIEBE FÜR DICH

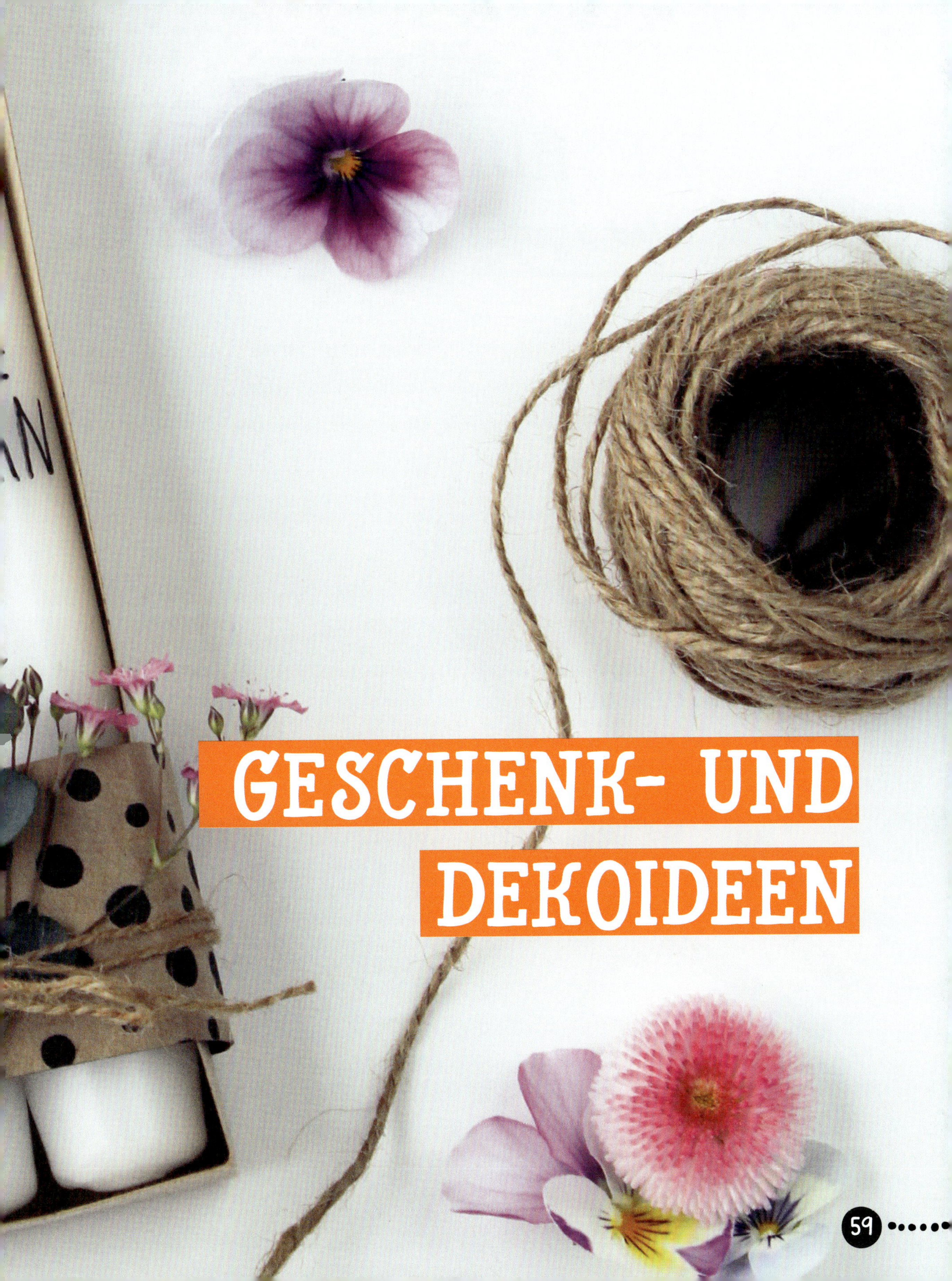

GESCHENK- UND DEKOIDEEN

BIRTHDAY TO GO

Kleine große Freude

Oft fehlt nur eine winzige Kleinigkeit – die Kirsche auf der Sahne – um ein Geschenk perfekt zu machen. Mit dieser DIY-Idee wertest du dein Geburtstagsgeschenk auf und machst deinen Liebsten mit Sicherheit eine riesengroße Freude!

Material:

- Wäscheklammer aus Holz
- Prägegerät oder Stempel und Stempelkissen
- kleine Kerze, ca. 12 cm lang
- kleine Trockenblumen (optional)

TIPP
Du kannst deinen Geburtstagsgruß nach Lust und Laune dekorieren, z.B. mit Trockenblumen oder Holzperlen, und ihn an einer Geburtstagskarte befestigen.

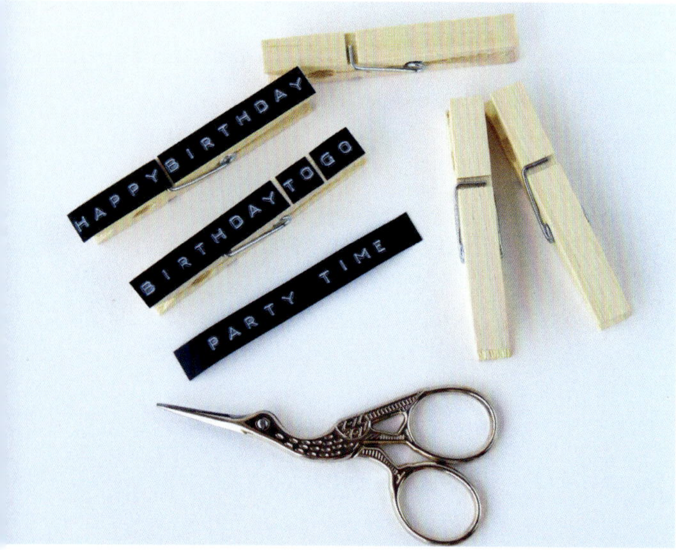

Und so geht's:

1 Mit dem Prägegerät einen kurzen Glückwunsch-Text oder ein Wort fertigen und den Prägestreifen auf die Wäscheklammer kleben. Falls du kein Prägegerät besitzt, kannst du den Spruch auch auf die Klammer stempeln.

2 Öffne nun die Wäscheklammer und stecke die Kerze hinein. Fertig. Viel Spaß beim Verschenken!

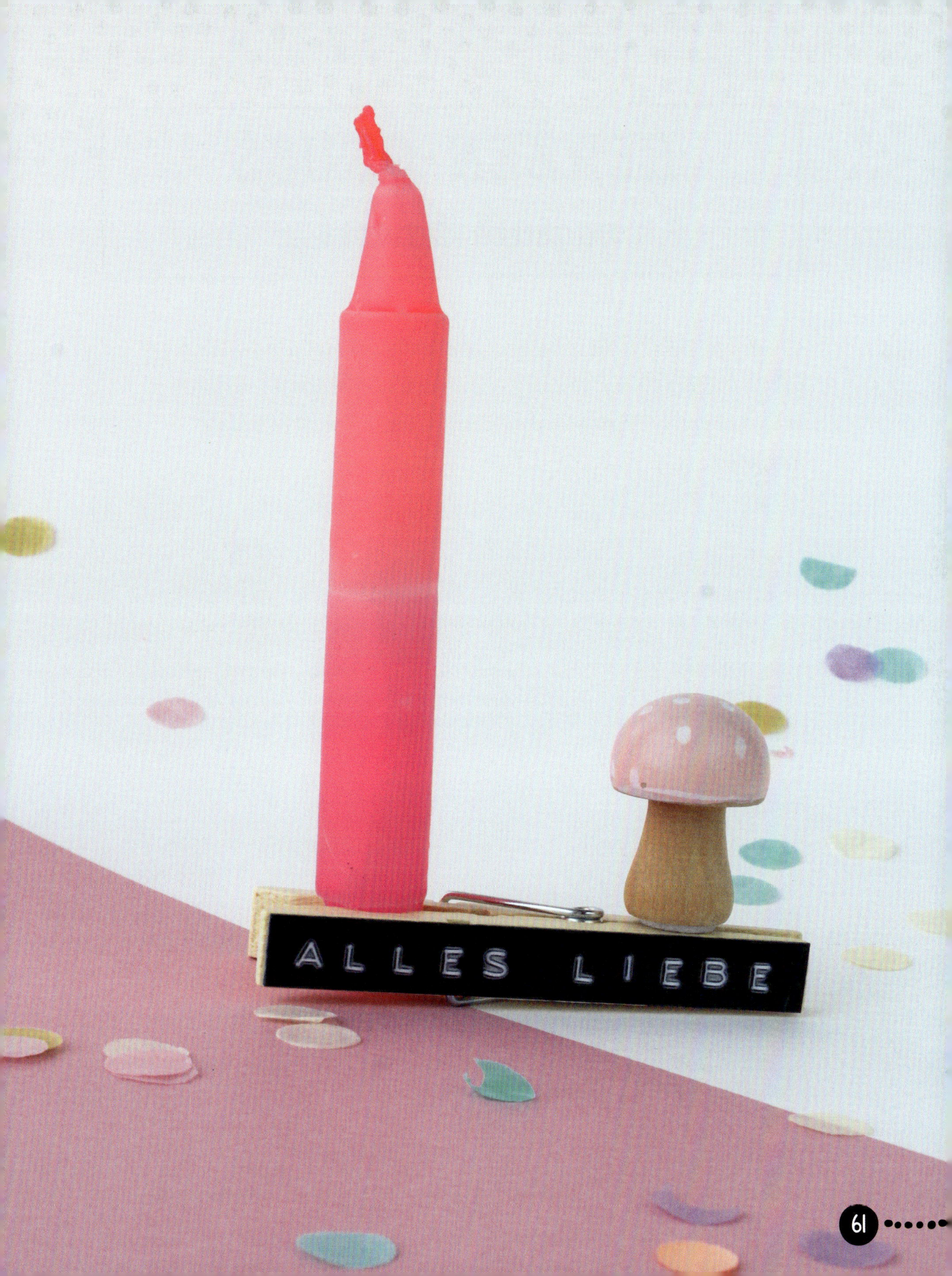
ALLES LIEBE

KERZEN-GRUSS
originell verpackt

Oft benötigt man noch eine kleine originelle Verpackung für Geldgeschenke oder Gutscheine. Diese Idee, eine Karte mit Kerzen zu gestalten, finde ich absolut zauberhaft. Außerdem lässt sich die Karte unglaublich schnell herstellen!

Material:

- DIN A4 Kraftpapier in Braun
- 3 kleine Kerzen, ca. 12 cm lang
- Geschenkband, ca. 40 cm lang
- Stempel, Stempelkissen oder Fineliner
- Schere
- Bleistift
- Lineal
- Lochzange

TIPP

Du kannst das Geschenk auch mit etwas Schleierkraut oder Trockenblumen verschönern. Auf der Rückseite deiner Karte kannst du außerdem ganz einfach einen Gutschein oder ein Geldgeschenk befestigen.

Und so geht's:

1 Schneide aus dem DIN A4 Kraftpapier ein Quadrat mit den Maßen 16 cm x 16 cm aus. Du kannst auch ein beliebig großes Quadrat ausschneiden.

2 Nun legst du dir die Kerzen im oberen Drittel in der Mitte des Quadrates zurecht.

3 Stanze je links und rechts der Kerzen mit der Lochzange ein kleines Loch in das Papier.

4 Jetzt fädelst du das Geschenkband durch die Löcher und bindest vorne eine Schleife.

5 Zum Schluss stempelst oder schreibst du einen kleinen Gruß, einen Spruch oder eine liebe Botschaft auf das Papier. Und schon ist deine besondere Kerzen-Grußkarte fertig!

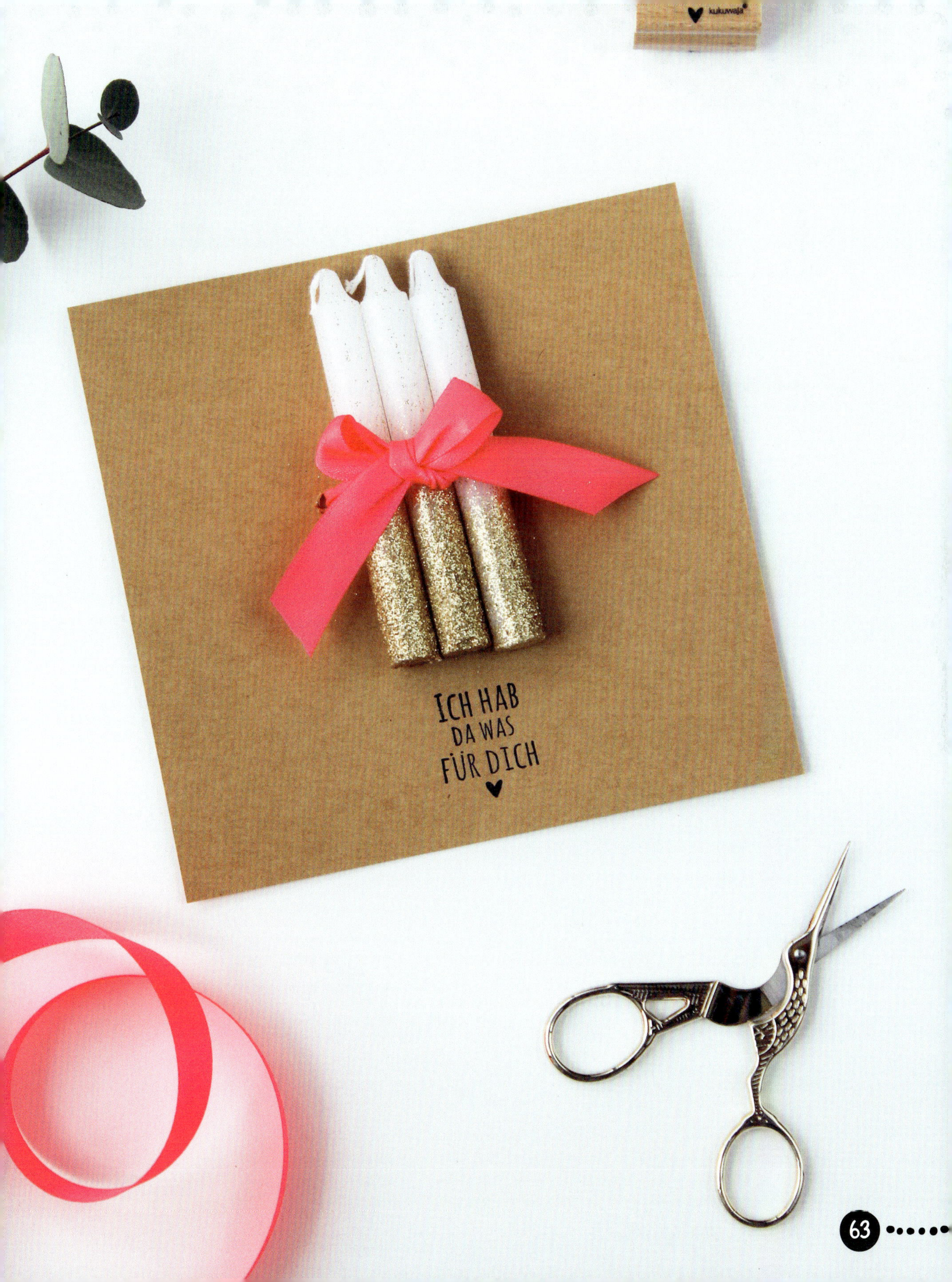
ICH HAB
DA WAS
FÜR DICH

KLEINES KERZEN-GESCHENK mit Etikett

Für ein superschnelles Mitbringsel eignen sich Kerzen mit einem selbst gestalteten Etikett. So bist du auch für spontane Einladungen gewappnet!

Material:

- Packpapier in Braun, 16 cm x 6 cm
- Tonpapier in Weiß, 5 cm x 5 cm
- Schere oder Etikettenstanzer
- Stempel und Stempelkissen oder Fineliner
- Schleierkraut und Eukalyptus
- Paketschnur oder Geschenkband, ca. 30 cm lang
- Klebeband
- Lochzange
- 2 Kerzen

Und so geht's:

1. Schneide oder stanze aus dem weißen Tonpapier ein Etikett mit 4,5 cm Durchmesser aus.
2. Nun kannst du einen Gruß, ein Symbol oder eine Botschaft darauf schreiben oder stempeln.
3. Anschließend knipst du mit der Lochzange ein Loch zur späteren Befestigung in dein Etikett.
4. Wickle die zwei Kerzen in das Packpapier ein und fixiere es hinten mit transparentem Klebeband.
5. Binde nun die Paketschnur mehrmals um das Papier und verschließe es mit einer Schleife.
6. Das Etikett fädelst du an einem Schleifenende auf.
7. Stecke zum Schluss zur Dekoration etwas Schleierkraut und Eukalyptus in die Schleife. Schon ist dein kleines Kerzengeschenk fertig!

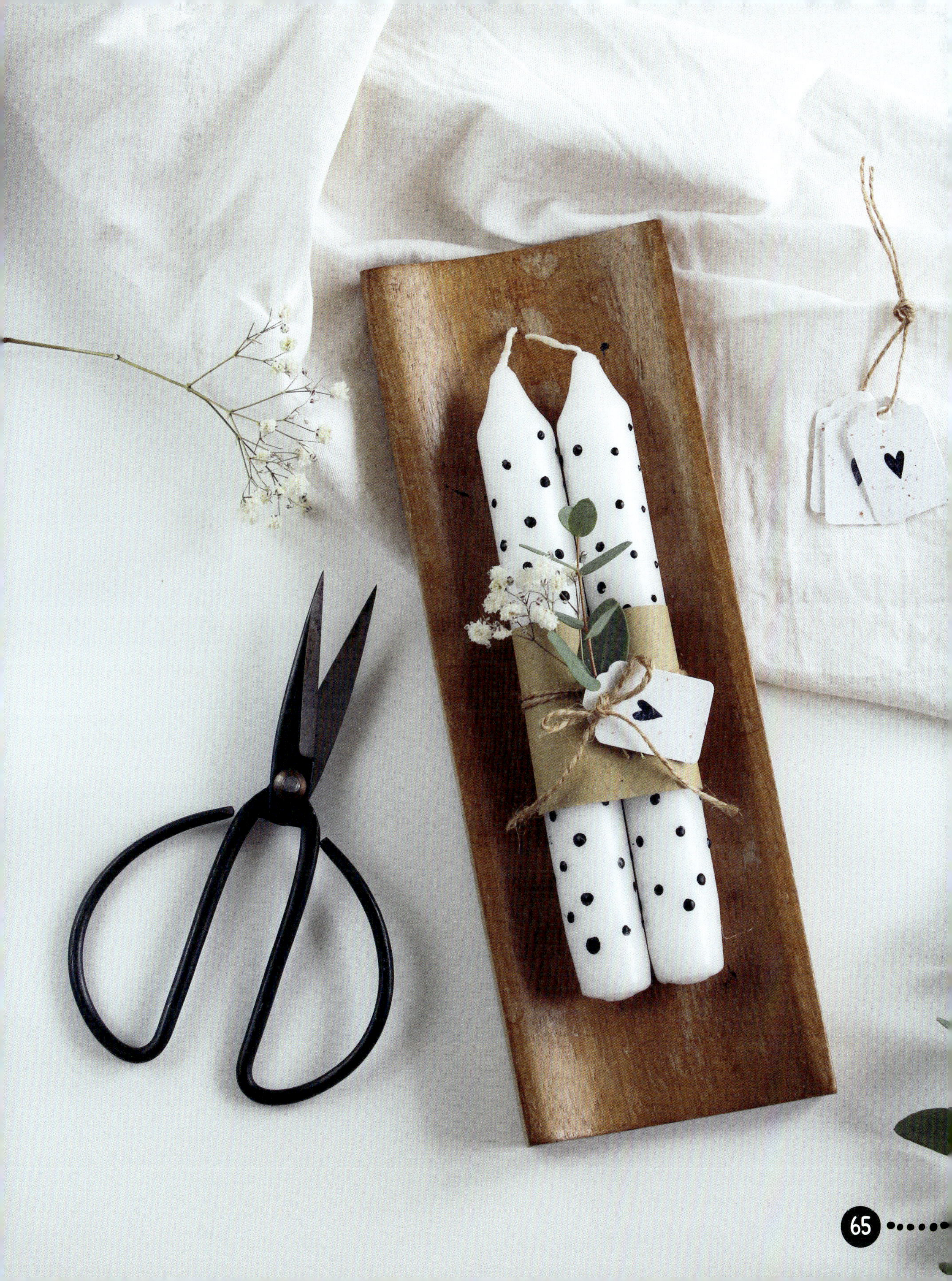

GESCHENKSCHACHTEL

schön in jedem Gewand

Kerzen lassen sich in vielen Formen und Varianten verschenken, und auch an Anlässen mangelt es nie! Wie wäre es zum Beispiel mit dieser kleinen Kerzenschachtel zu Ostern?

Material:

- DIN A4 Kraftpapier, in deiner Wunschfarbe
- Klebstoff
- Lineal
- Bleistift
- Schere
- 2 Kerzen, in deiner Wunschfarbe
- Trockenblumen
- Paketschnur, ca. 30 cm lang
- Geschenkpapier

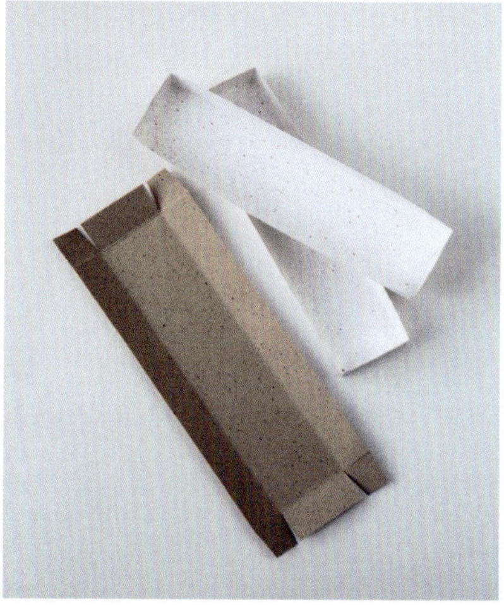

1 Zuerst schneidest du ein Rechteck mit den Maßen 23,5 cm x 8,5 cm aus dem Kraftpapier aus. Die Länge und Breite der Schachtel richtet sich nach den Maßen deiner Kerzen.

2 Anschließend faltest du an allen Seiten einen 2 cm breiten Falz.

3 An den zwei kurzen Seiten wird nun der Falz im Dreieck eingeschnitten.

4 Die Lasche mit Klebstoff bestreichen und innenliegend ankleben.

5 Zum Schluss fertigst du noch eine hübsche selbstgemachten Blümchenbanderole und ein Etikett (siehe S. 64/65) an und bindest diese um deine Schachtel. Tadaa! Schon lassen sich die Kerzen wunderschön verpackt verschenken.

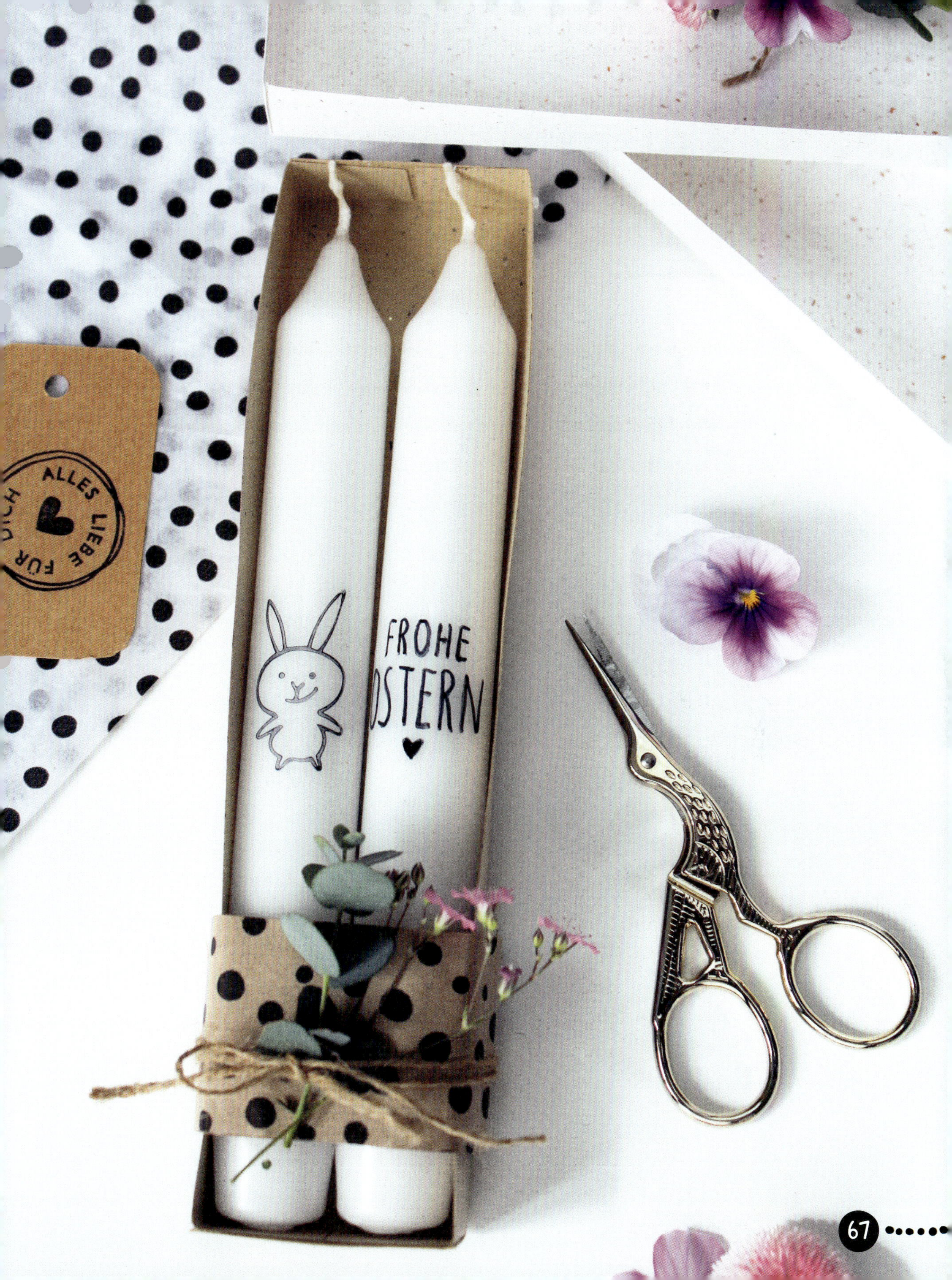
ALLES LIEBE FÜR DICH
FROHE
OSTERN

ADVENT, ADVENT...

... ein Lichtlein brennt!

Wie sehr ich mich auf die gemütliche und besinnliche Zeit im Jahr freue! Am Abend mit der Familie duftenden Weihnachtstee trinken und selbstgebackene Weihnachtsplätzchen essen. Einfach herrlich! Und mit diesem Kerzen-Adventskalender wird die Adventszeit sogar noch schöner!

Material:

- Einkochglas
- 24 kleine Baumkerzen, ca. 10 cm lang
- Kerzenhülse oder Baumkerzenhalter
- Sprühfarbe (nach Wahl)
- Heißklebepistole
- Permanentmarker oder Schiebefolie

TIPP

Du kannst dein Glas auch noch mit weihnachtlichen Motiven und Stoffbändern verzieren. So hast du ein besonderes Geschenk für Freunde oder ein spontanes kleines Mitbringsel zu einem Adventskaffeeklatsch!

Und so geht's:

1. Den Deckel des Glases mit der gewünschten Sprühfarbe im Freien ansprühen und gut trocknen lassen.
2. Anschließend die Kerzenhülse mit Heißkleber auf den Deckel kleben.
3. Beschrifte nun die kleinen Kerzen mit den Zahlen 1–24 mit einem Permanentmarker oder einer Schiebefolie und stelle sie in das Glas.
4. Den farbigen Deckel darauf schrauben. Fertig ist dein Kerzen-Adventskalender!

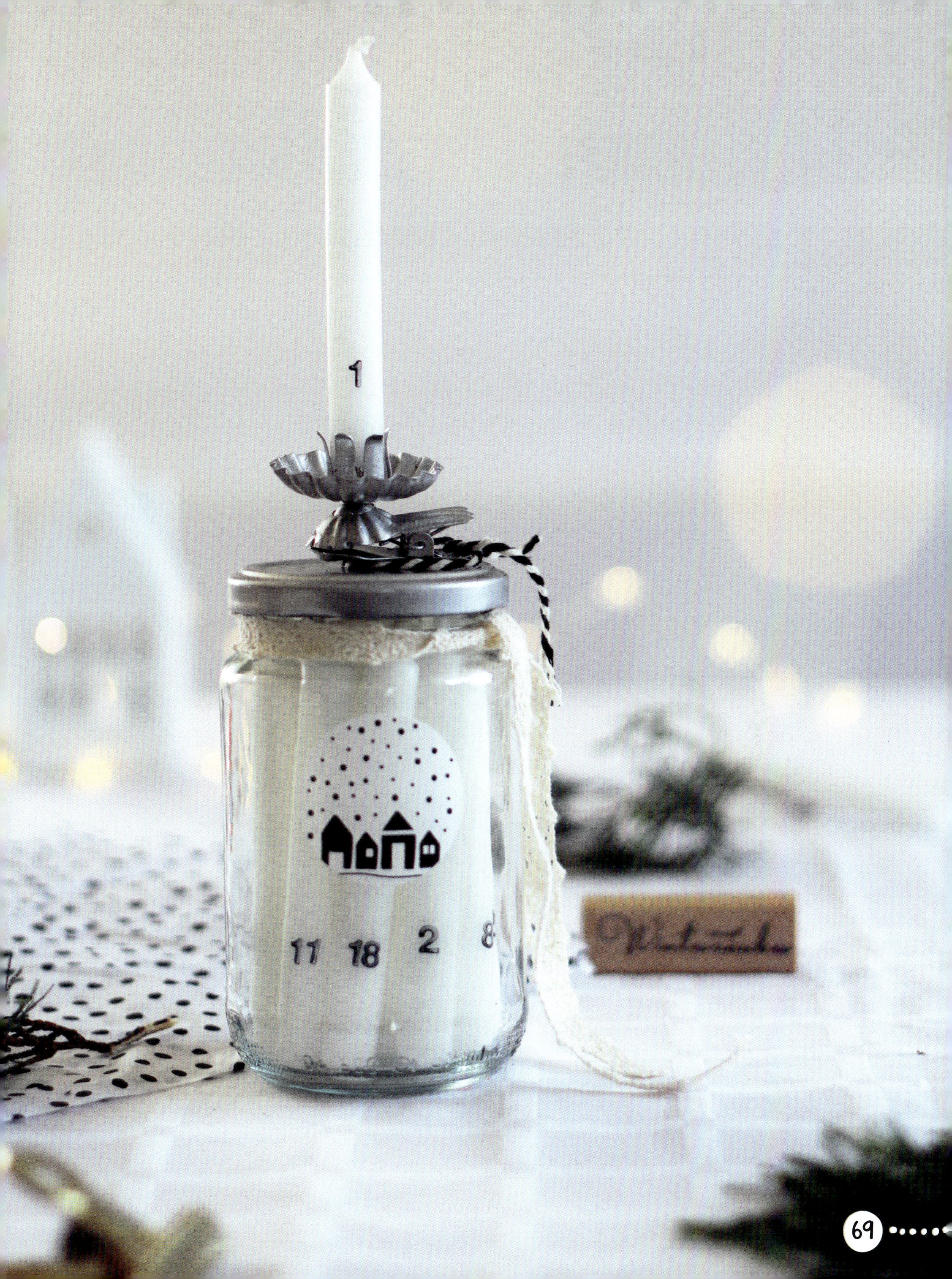
1
11
18
2

ADVENTSKRANZ

im Scandi-Style

Auf der Suche nach einem außergewöhnlichen Adventskranz bin ich auf hochwertige Buchenholzkugeln gestoßen. Die Kugeln können im Handel mit einer Bohrung und einer Kerzenhülse erworben werden. Mit etwas handwerklichem Geschick kannst du die Löcher aber auch selbst hineinbohren. Die Perlen verleihen dem schlichten Adventskranz einen trendigen Scandi-Style!

Material:

- 4 Buchenholzkugeln, ⌀ 7 cm
- 20–24 Holzperlen, ⌀ 2–3 cm
- Lederschnur, 1 m lang
- 4 Kerzen, 15 cm lang
- Holzbohrer, ⌀ 7 cm (optional)
- 4 Kerzenhülsen (optional)

TIPP

Um deinem Adventskranz eine persönliche Note zu geben, kannst du die Kugeln auch in deiner Lieblingsfarbe anmalen.

Und so geht's:

1. Verknote die Lederschnur an einem Ende und fädle 5–6 kleine Perlen auf die Schnur auf.
2. Nun führst du die Lederschnur durch eine große Kugel.
3. Die kleineren Kugeln werden gleichmäßig zwischen den vier großen Holzkugeln verteilt aufgefädelt.
4. Verknote anschließend das andere Ende der Lederschnur.
5. Zum Schluss steckst du die Kerzen in die Hülsen. Fertig!

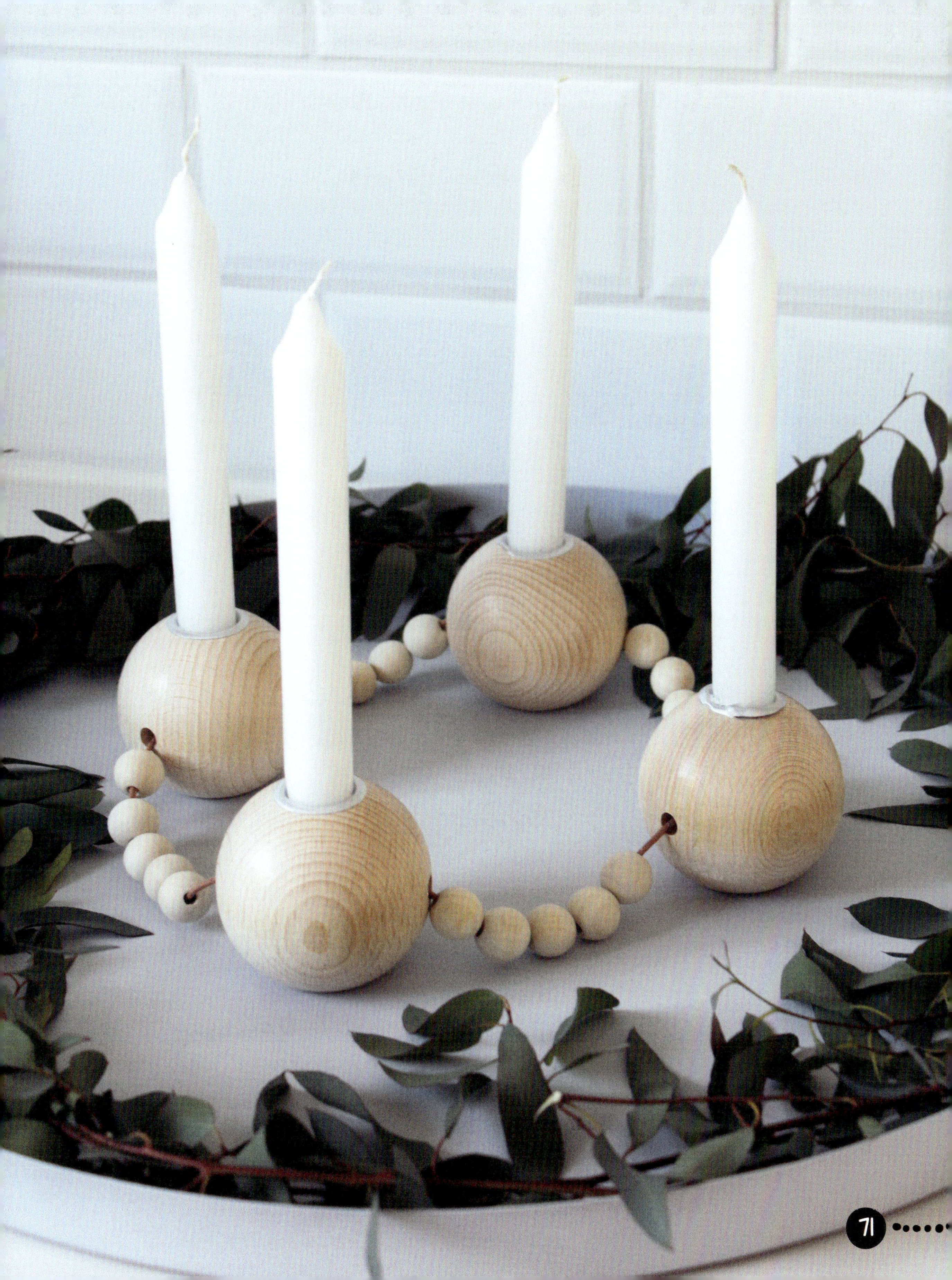

Buchempfehlungen für dich

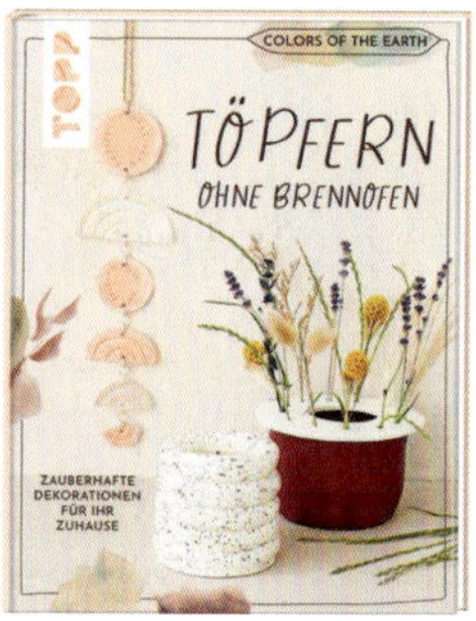

978-3-7358-5044-7

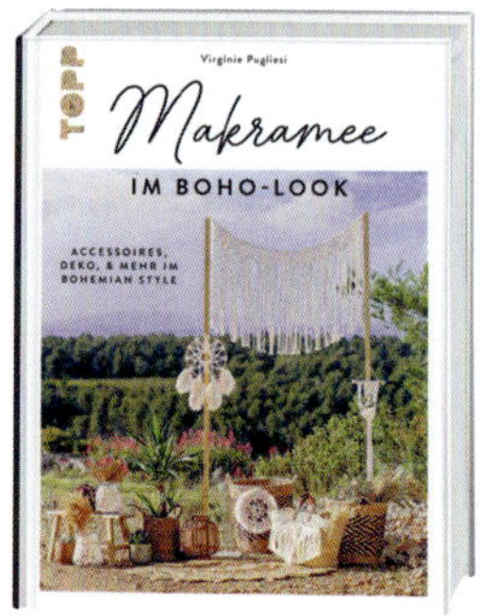

978-3-7358-5031-7

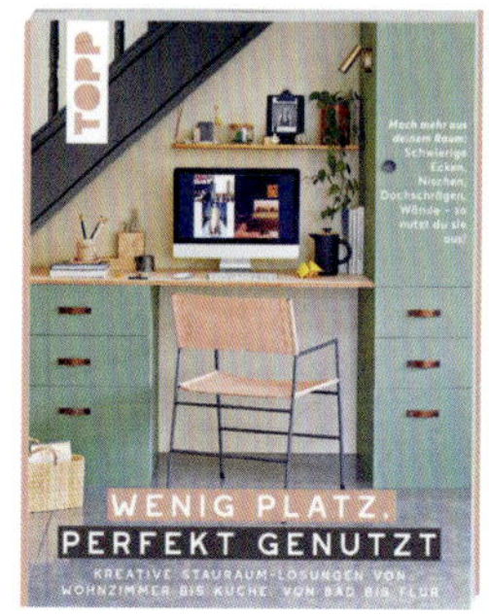

978-3-7358-5034-8

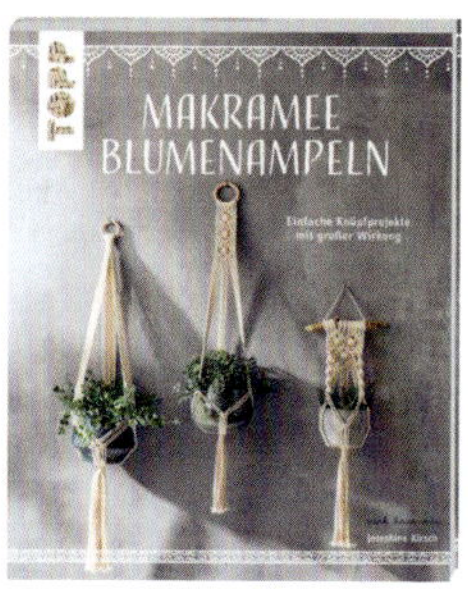

978-3-7724-4629-0

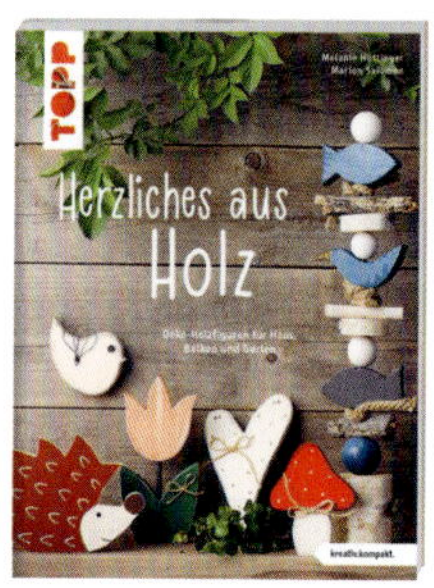

978-3-7724-4639-9

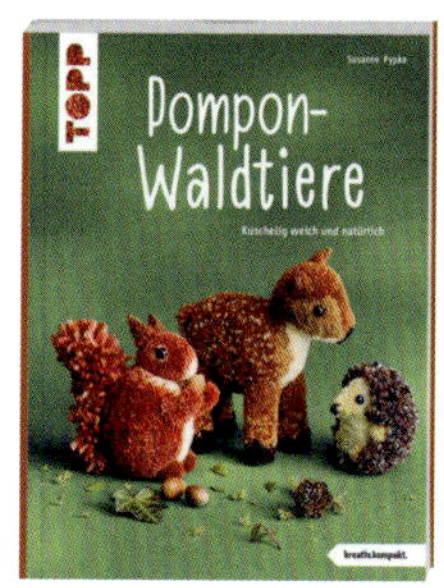

978-3-7358-5028-7

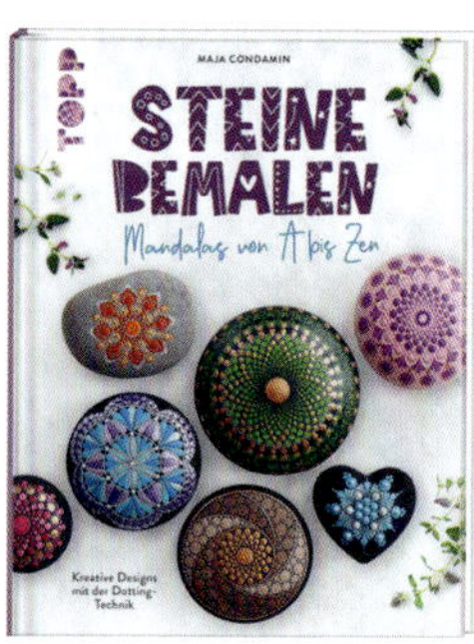

978-3-7724-3116-6

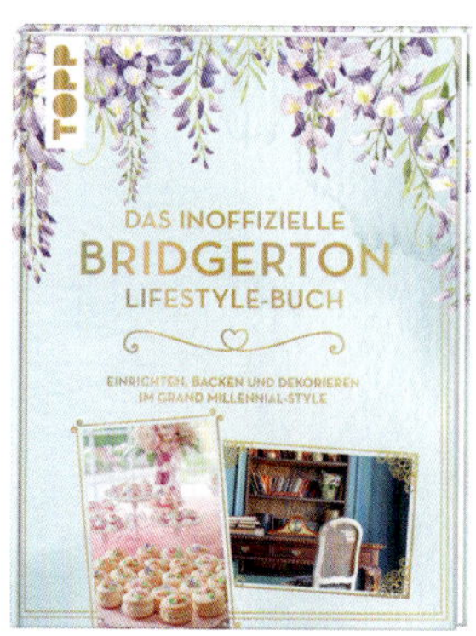

978-3-7724-4656-6

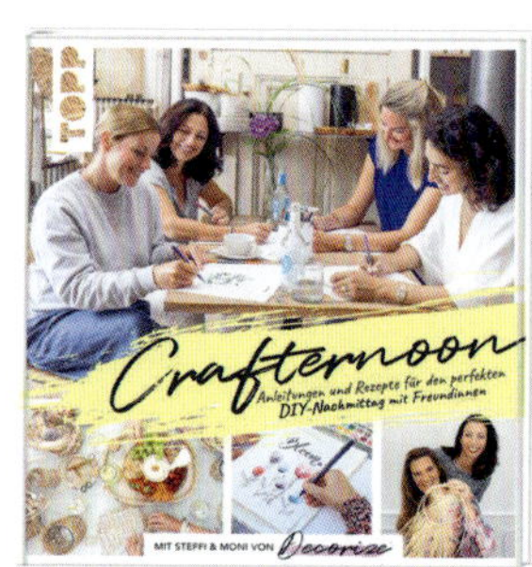

978-3-7724-4550-7

Weitere spannende Titel für dich

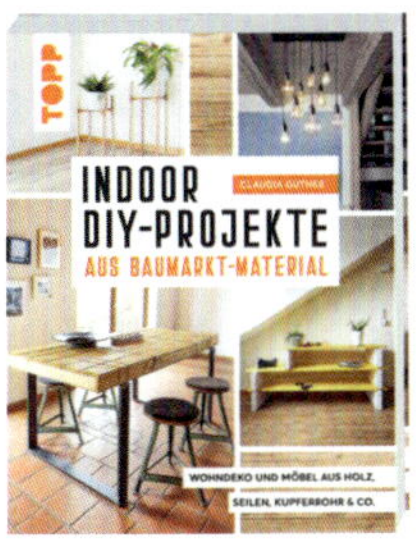

978-3-7724-7169-8

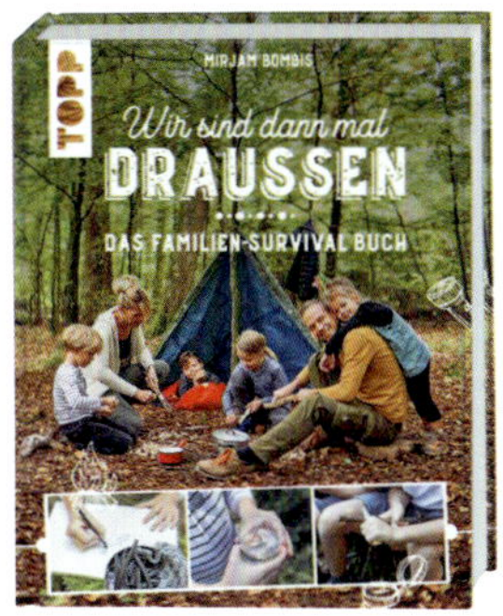

978-3-7724-4643-6

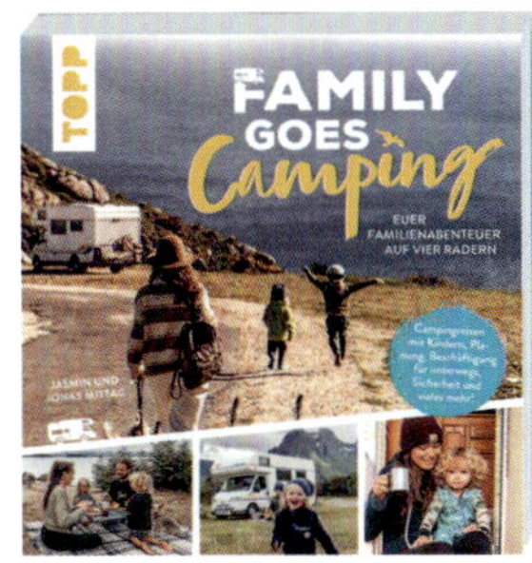

978-3-7724-4644-3

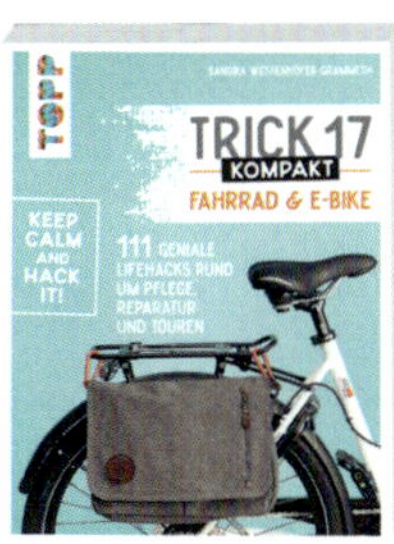

978-3-7724-4634-4

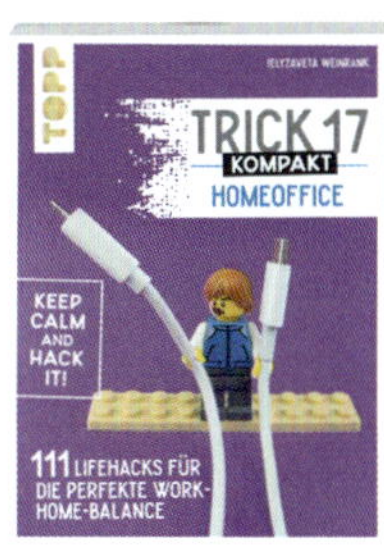

978-3-7724-4631-3

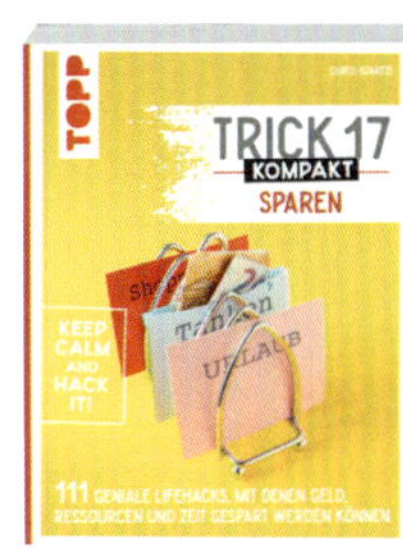

978-3-7358-5085-0

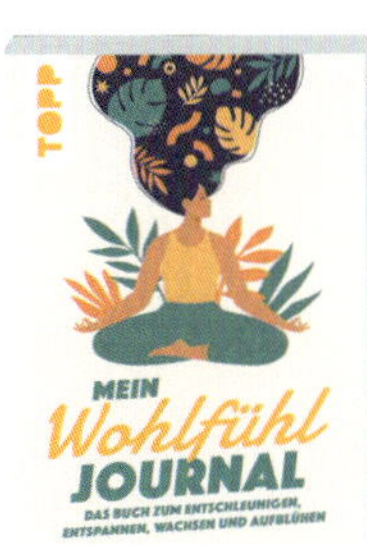

978-3-7724-4657-3

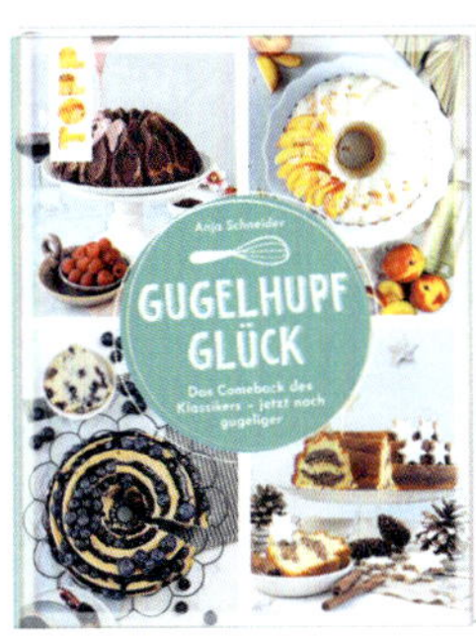

978-3-7724-4641-2

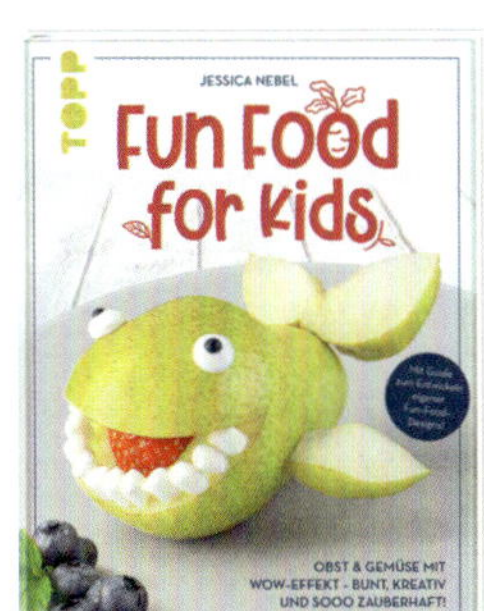

978-3-7724-4484-5

#TOPPPROJEKT

Die eigene Kreativität zeigen: TOPPprojekt mit anderen Kreativen teilen und Teil der Gemeinschaft werden.

DIY-begeistert und auf Instagram? Dann unbedingt mitmachen! Hier gibt's Tipps und Feedback zu den eigenen Projekten. Außerdem verlosen wir jeden Monat ein Überraschungspaket. Um am Gewinnspiel teilzunehmen, einfach ein Bild vom Kreativ-Projekt aus unseren Büchern mit #TOPPprojekt posten und unserem Account @frechverlag folgen. Mehr Infos auf TOPP-kreativ.de/TOPPprojekt

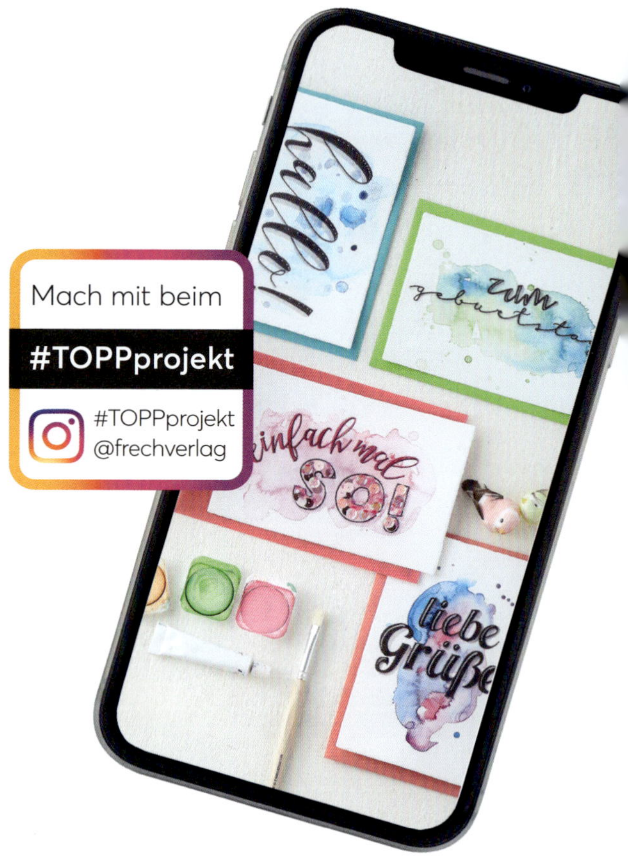

Website

Auf TOPP-kreativ.de können Sie ein riesiges Angebot von über 1.000 Kreativbüchern, Sets & mehr entdecken.

Newsletter

Gleich anmelden unter: TOPP-kreativ.de/newsletter und immer als Erstes von unseren Neuheiten und Sonderaktionen erfahren.

Instagram

@frechverlag

Pinterest

pinterest.com/frechverlag

Facebook

facebook.com/frechverlag

DigiBib

Hier finden Sie zusätzlich zu vielen unserer Bücher digitale Extras, wie Video-Tutorials, Plotter-Dateien, Vorlagen, Übungsblätter & vieles mehr. Einfach im Impressum Ihres TOPP-Buchs den Freischalte-Code nachschlagen und exklusive Inhalte freischalten. TOPP-kreativ.de/digibib

Youtube

youtube.com/frechverlag

AUTORIN

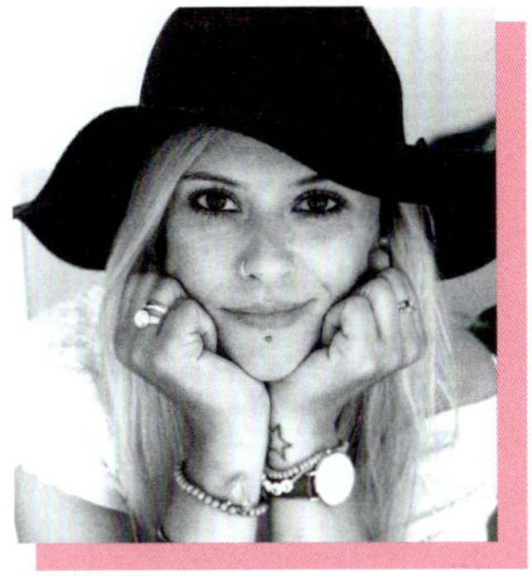

MAJA FIEDLER wohnt mit ihrer Familie im Zollernalbkreis und gründete nach der Geburt ihrer zwei Töchter Madita & Frida ihr eigenes kleines Handmade Label „Happy Dots". Hier verkauft die gelernte Erzieherin in liebevoller Handarbeit hergestellte Herzensstücke für Klein & Groß. Neben ihrer Leidenschaft für das Backen, Nähen und Basteln geht sie hier auch ihrer Begeisterung für kreative Kerzen in allen Formen und Farben nach.

DANKE

Ein herzliches Dankeschön geht vor allem an meinen Mann und an meine Kinder. Sie haben mir ständig den Rücken freigehalten und mich in allen Bereichen unterstützt.
Meiner Mama bin ich auch unendlich dankbar. Gemeinsam haben wir nächtelang an den Ideen der Kerzen gefeilt und die Texte dazu geschrieben. Sie ist einfach unersetzbar in meinem Leben.
Ein dickes Dankeschön geht auch an Heike Ulmscheider Fotografie, die mir ständig Tipps zum Fotografieren gegeben hat und an meine liebe Freundin Steffi, die mir ihr wundervolles Haus zum Shooten zur Verfügung gestellt hat.
Zudem danke ich dem frechverlag, der durch meine Seite @happy_dots_ auf Instagram auf mich aufmerksam geworden ist und dadurch erst das Buch ermöglicht hat.
Herzlichen Dank an die Firmen buttinette Textil-Versandhaus GmbH und Rayher Hobby GmbH für die freundliche Bereitstellung von Materialien.

Es ist einfach wundervoll so einzigartige Herzensmenschen in meinen Leben zu haben.

IMPRESSUM

FOTOS: frechverlag GmbH, 70839 Gerlingen; lichtpunkt, Michael Ruder, Stuttgart (Coverfoto); shutterstock, Netrun78 (2016383804, S. 15); Maja Fiedler (alle Übrigen)

PRODUKTMANAGEMENT UND LEKTORAT: Melissa Portz, Laura Maier, Stephanie Iber

COVERGESTALTUNG: Tatjana Weiß

HERSTELLUNG: Heike Köhl

SATZ UND LAYOUT: Dagmar Herrmann, www.two-up.de

DRUCK UND BINDUNG: Neografia, Slowakei

MIX
Papier | Fördert gute Waldnutzung
FSC® C020353
FSC www.fsc.org

Penguin Random House Verlagsgruppe
FSC® N001967

TOPP – Unsere Servicegarantie

WIR SIND FÜR SIE DA! Bei Fragen zu unserem umfangreichen Programm oder Anregungen freuen wir uns über Ihren Anruf oder Ihre Post. Loben Sie uns, aber scheuen Sie sich auch nicht, Ihre Kritik mitzuteilen – sie hilft uns, ständig besser zu werden.

Bei Fragen zu einzelnen Materialien oder Techniken wenden Sie sich bitte an unseren Kreativservice,
Frau Erika Noll.
mail@kreativ-service.info
Telefon 07 11 / 123 757 20

Das Produktmanagement erreichen Sie unter:
pm@frechverlag.de
oder:
frechverlag Produktmanagement
Dieselstr. 5
70839 Gerlingen
Telefon 07 11 / 8 30 86 68

LERNEN SIE UNS BESSER KENNEN! Fragen Sie Ihren Hobbyfach- oder Buchhändler nach unserem kostenlosen Magazin **Meine kreative Welt.** Darin entdecken Sie zweimal im Jahr die neuesten Kreativtrends und interessantesten Buchneuheiten.

Oder besuchen Sie uns im Internet! Unter **www.topp-kreativ.de** können Sie sich über unser umfangreiches Buchprogramm informieren, unsere Autoren und Autorinnen kennenlernen sowie aktuelle Highlights und neue Kreativtechniken entdecken, kurz – die ganze Welt der Kreativität.

Kreativ immer up to date sind Sie mit unserem monatlichen **Newsletter.**

Für aktuelle Infos, Gratis-Anleitungen und Gewinnspiele gleich anmelden unter www.TOPP-kreativ.de/Newsletter

1. Auflage 2022

ISBN 978-3-7358-5041-6 · Best.-Nr. 25041